2028 대학 입시
학교 교육에 집중하라!

일러두기

1. 이 책의 '교육부 보도 자료 자세히 보기', '교육부 정책 내용 자세히 보기' 장은 교육부 보도 자료와 정책 자료를 내용 수정 없이 실었다는 점을 알려드립니다. 이 책의 표기 규칙에 따라 맞춤법이나 띄어쓰기 등의 일부 수정된 부분은 있을 수 있습니다.

2. Q&A는 교육부 응답 자료를 토대로 작성되었으며, 이 책의 표기 규칙에 따라 맞춤법이나 띄어쓰기 등의 일부 수정된 부분이 있을 수 있습니다.

학부모와 학생들을 위해 쉽게 풀어 드리는 2028 대입 대응 전략

2028 대학 입시

학교 교육에 집중하라!

정제영 지음

포르*세

우리 아이 입시, 학교교육에 집중하라

2023년 10월 교육부는 '2028 대학 입시 제도 개편 시안'을 발표했습니다. 2025학년도에 고등학교에 입학하는 학생부터 시행되는 입시 제도입니다. 2023년 연말에 최종 확정 예정으로 발표되었고, 수능의 심화수학은 아직 검토 대상으로, 대입 제도 개편안의 주요 내용은 고등학교 내신을 5등급제로 변경하고 통합 수능을 도입하는 것입니다. 연말까지 다양한 의견을 수렴하고 확정될 예정입니다. 새로운 대입 제도에 대해 여러 가지 해석이 분분하기 때문에 학부모의 입장에서 혼란스러운 것 같습니다. 종합적으로 본다면 학교교육에 집중해야 한다는 의미입니다.

2023년에는 다양한 교육 이슈가 등장했습니다. 그중 가장 큰 이슈는 사교육비가 지속적으로 증가해 2022년에는 역대 최고인 26조 원을 넘어섰다는 것입니다. 그리고 수능시험에 출제되던 킬러 문항을 없애기로 한 것도 사회적인 관심을 불러일으켰습니다. 초등학교를 중심으로 발생한 교권 침해로 인해 슬픈 사건들이 많이 보도되기도 했습니다. 일련의 사건들이 별개인 것처럼 보이지만, 학교교육의 권위가 떨어지고, 사교육의 영향력이 커졌다는 것을 보여 주는 징후들이라고 볼 수 있습니다.

현재 시행되고 있는 고교 내신 9등급제는 변별을 강화하기 위해 등급을 세분화한 것입니다. 학교는 평가에서 동점자가 발생하지 않도록 관리해야 하는데, 동점자가 많으면 1등급이 나오지 않기 때문입니다. 고등학교 선생님들은 서열을 나누기 위해 고난도 문제를 출제하거나, 문제 수를 늘려서 학생들이 틀리도록 해야 하는 비교육적 상황이 발생하게 되었습니다. 고등학교의 내신평가가 어려워지면서 결과적으로 학생들이 시험에 대비하기 위해 사교육을 받아야 하는 상황이 벌어졌습니다. 수업 혁신과 평가 혁신을 추진했지만 치열한 경쟁 속에서 수행평가와 같은 과정중심평가의 반영은 쉽지 않았습니다. 논서술형평가를 통한 고차원적인 역량평가도 평가의 공정성에 눌려서 제대로 시행되지 못하였습니다.

수능시험은 영어와 한국사가 절대평가로 전환되면서 국어와 수학에서 변별력을 확보하기 위한 고난도 문항이 출제되기 시작했습니다. 수능시험은 다양한 선택과목으로 운영되는 데 학교는 정해진 교육과정을 운영하다 보니 수능시험을 학교에서 대비하는 데 한계가 있었습니다. 수능을 대비하기 위한 사교육이 늘어나게 된 이유입니다. 여기에 고난도 문항인 소위 '킬러 문항'에 대비한 학교의 역할도 거의 전무한 상황이었다고 할 수 있습니다. 학교별로 최고 수준의 학생들이 '킬러 문항'을 준비하는데, 고등학교에서는 이를 위한 교육적 지원을 할 여유가 없기 때문입니다. 수능시험은 고등학교 졸업 후에 더 철저히 준비할 수 있다는 이야기가 나오고 재수를 하여 수능시험 성적이 높아졌다는 얘기를 많이 듣게 됩니다. 대입 제도의 변화 속에서, 고등학교교육의 역할은 줄어들었습니다. 이런 변화는 교사의 권위가 떨어지게 되는 이유 중 하나가 되었고, 대학에 진학하기 위해 학교교육에 집중해야 한다는 말을 하기 어렵게 됐습니다.

2028 대입 제도는 2025년에 시작되는 미래를 위한 교육 개혁을 이끌어 주는 역할을 하게 됩니다. 2025학년도는 '미래를 위한 디지털 기반 교육 개혁의 원년'이라고 표현할 수 있습니다. 2025학년도는 새롭게 도입되는 '2022 개정 교육과정'이 처음으로 고등학교에 적용되는 해입니다. 유연한 학생 선택형 교육을 위한 고교학점제가 전면 도입되는 해이기도 합니다. 디지털 기반 미래교육을 위한 '인공지능(AI) 디지털 교과서'가 영어, 수학, 정보 교과에서 우선적으로 도입되어 맞춤형 교육을 시행하게 됩니다. 이런 제도에서 핵심은 교실 수업의 혁신

이고, 수업의 혁신은 평가와 맞닿아 있습니다. 평가가 바뀌지 않으면 수업이 바뀔 수 없기 때문입니다. 평가의 혁신이 없는 교육 개혁은 이루어질 수 없습니다.

2028 대학 입시 제도 개편은 미래를 향한 교육 개혁을 선도하는 역할을 수행하면서 '학교교육에 집중하라'는 메시지를 담고 있다고 볼 수 있습니다. 고교 내신 5등급제는 9등급제의 치열한 경쟁을 완화했다는 점에서 중요한 의미가 있습니다. 그렇지만 그 속에는 더 큰 변화를 확장하는 잠재력을 갖고 있습니다. 서열 매기기에서 그쳤던 교사의 역할을 학생 역량의 종합적 평가로 유도할 수 있다는 점에서 그렇습니다. 등급의 비율이 늘어나면서 교사는 학생의 다양한 학습 과정과 결과를 평가에 담아낼 수 있게 됩니다. 플립 러닝을 반영한 프로젝트 수업, 활동 중심 수업의 과정과 결과를 평가에 반영해야 할 것입니다.

공통과목 중심으로 수능시험이 개편된 것은 학교교육을 통해서 수능시험을 준비할 수 있다는 신호입니다. 그동안 학생별로 다양한 과목을 선택할 수 있도록 한 제도의 특성상 학교에서는 이에 대한 대비가 어려웠습니다. 이제 공통과목을 중심으로 학교에서 수능시험을 충분히 대비할 수 있을 것이라고 봅니다. 공통과목은 고등학교 1학년 과목에 집중되어 있습니다. 학년이 올라가면서 수능시험을 위한 새로운 준비를 하는 것이 아니라 공통과목에 대한 복습을 하면 되는 것입니다. 학교의 교육과정을 따라가면서 내신 성적을 받고, 수능은 별도로 준비했던 기존의 어려움이 해소될 수 있습니다.

이번 2028 대입 제도 개편안과 관련하여 다양한 의견이 제시되고 있습니다. 특히 사교육 업계에서 다양한 시나리오를 제시하면서 학부모님들의 걱정이 커지고 있습니다. 몇 가지 문제 제기에 대해 설명 드리겠습니다.

5등급제는 변별력이 약해서 대학에서 자체적으로 다른 평가를 할 것이다.

- 5등급제 도입으로 변별력이 약화되는 것은 아닙니다. 대학은 전 과목에 대한 5등급제 평가 결과로 충분히 신입생을 변별할 수 있습니다. 학생이 고교 3년간 배우는 과목 수가 전체 50여 개임을 고려하면 전체 1등급을 받는 학생이 많지 않기 때문입니다. 그리고 기존 9등급제에서도 성적을 그대로 반영해서 평가하는 것이 아니라 면접 등 다른 요소가 있었음을 상기해 본다면 신입생 선발에 어려움이 없을 것입니다.

5등급제는 변별력이 약해서 수능시험의 영향력이 높아질 것이다.

- 수시와 정시 선발은 엄연히 구분되어 있습니다. 수시 학생

부 위주 전형에서는 수능시험을 반영하지 않습니다. 일부 전형에서 수능시험의 최저 기준을 제시하는 현행 제도가 유지되는 것을 전제로 본다면, 수능시험의 영향력이 유지되지만 더 커질 가능성은 거의 없다고 할 수 있습니다.

5등급제는 내신 경쟁을 완화해 경쟁이 치열했던 외고와 자사고에게 유리해질 것이다.

– 5등급제의 도입으로 특정 고등학교에 유리할 것은 없을 것입니다. 성적이 우수한 학생이 많이 있는 외고나 자사고의 치열한 내신 경쟁이 완화될 수 있다는 것은 사실입니다. 현재 외고나 자사고에서 10% 이내에 있던 2등급 학생들이 1등급으로 전환되기 때문에 긍정적인 변화이기도 합니다. 하지만 이는 일반고에도 동일하게 적용됩니다. 오히려 전체 고등학교 졸업자들 중에서 1등급을 받는 인원이 훨씬 늘어날 수 있기 때문에 2등급의 상대적 위치가 더 나빠질 수도 있습니다. 결과적으로 본다면 학생의 성적에 따라서 유불리가 달라질 수 있다는 의미입니다. 그러니 자녀의 진로와 성취 수준을 고려하여 고등학교를 선택하는 것이 올바른 방향이라고 생각합니다.

2025년부터 전면 시행되는 고교학점제는 절대평가를 해야 하는데 5등급 상대평가가 도입되면 학생 선택권 보장의 기본 취지가 무색해질 것이다.

- 고교학점제의 정착을 위해 절대평가를 도입하는 것은 의미가 있지만 절대평가에서도 성취 수준에 도달한 정도에 따라 A, B, C, D, E의 5등급 평가를 받게 됩니다. 절대평가는 전면 도입하였을 때 고등학교에서 성적 부풀리기 현상이 나타나는 것을 사전에 예방하기 어렵고, 이에 따른 대입의 혼란이 크다는 점이 문제입니다. 고교 특성에 따라 A를 받는 학생의 비율이 다를 수 있기 때문에 적정 비율이라는 것을 설정하는 데에도 어려움이 있습니다. 그래서 지난 정부에서는 내신 성적의 변별력을 위해 고등학교 1학년만 9등급제를 유지하는 절충안을 발표한 바 있습니다. 하지만 1학년만 9등급제를 적용하는 것의 부작용은 더 크다고 할 수 있습니다. 2025년부터 고등학교에서 성취평가와 5등급 평가 결과를 학생부에 병기하는 정착기를 거쳐서 장기적인 로드맵에 따라 성취평가제로 전환하는 것이 필요할 것입니다.

수능시험이 1학년 과목에 집중되면 고등학교 2, 3학년 수업을 포기하는 학생이 생기고 고등학교 사회탐구와 과학탐구 과목 수업이 무너질 수 있다.

- 수능시험이 1학년 중심의 통합교과로 이루어지면 2, 3학년에 진학해서는 학교 수업에 더 집중해야 합니다. 사실상

의대를 포함한 이공계열은 수학과 과학의 심화선택과목 내신 성적을 반영할 가능성이 높습니다. 인문사회 계열에서도 국어와 사회의 심화선택과목을 반영할 수도 있습니다. 결과적으로 학교교육에 집중해야 성공적인 진학이 가능해진다고 할 수 있습니다.

수능시험이 공통과목 중심으로 축소되면 변별력이 약화되고, 인문계열 성향의 학생들에게 불리하다.

- 수능시험이 1학년 중심의 통합교과로 이루어지더라도 변별력에 큰 문제는 없을 것이라고 생각합니다. 교육과정의 범위 내에서 문항의 유형과 난이도 조절이 가능하기 때문입니다. 그리고 현재의 선택과목별 수능시험은 과목별 난이도가 달라서 자연계의 문과 침공 현상과 과목 선택에 따른 유불리 문제로 공정성을 심각하게 침해한 상황이었습니다. 공통과목 중심의 수능시험은 기존 수능시험의 문제들을 상당히 해소할 수 있을 것으로 예상됩니다. 그리고 미국의 수능시험인 SAT에서도 선택과목을 폐지하고 공통과목 중심으로 개편한 것을 볼 때 세계적인 추세에도 맞다고 할 수 있습니다.

그동안 대학 입시가 '학생부 위주 전형'과 '수능 위주 전

형'으로 나누어진 상황에서 학생들은 2학년 정도 되면 수시파와 정시파로 나누어졌습니다. 그런데 놀라운 점은 두 부류 모두 다른 사교육을 받아 왔다는 것입니다. 수시파는 내신 대비 사교육을 받아야 경쟁에서 이길 수 있고, 정시파는 학교 내신은 포기하고 별도의 수능시험을 대비한 사교육을 받아야 했습니다. 2028 대입 개편을 통해 우리나라 입시 제도가 이러한 사교육을 받는 대신 학교 수업에 집중하고 다양한 평가를 열심히 수행한 학생들이 좋은 평가를 받을 수 있는 제도로 안착되어야 할 것입니다. 물론 제도의 목적에 따라 학교 현장에 안정적으로 정착시키기 위해서는 교육부, 교육청, 학교의 노력이 필요하다고 할 수 있습니다.

초등학교부터 고등학교 내신과 수능시험에 대비한 선행 사교육이 성행하고 있습니다. 고등학교에 입학해서 내신과 수능시험을 동시에 준비하기에는 시간이 부족하다는 이유 때문입니다. 그러나 발달 단계에 맞지 않는 과도한 사교육으로 인해 아이들은 많은 어려움을 겪고 상처를 받게 됩니다. 정상적인 발달 단계에 맞는 본인의 학교 수업과는 큰 차이가 있는 고등학교 교육과정을 미리 배우기 위해 노력하지만 제대로 할 수 있는 아이는 별로 없습니다. 모두가 하니까 따라서 사교육에 참여하기는 하지만, 자녀와 부모 모두 고통의 시간일 뿐입니다. 학원 숙제와 평가에 뒤떨어지는 아이는 스스로 좌절감을 느껴서 자기 효능감이 떨어집니다. 학부모는 잘하는 아이를 바라보면서 상대적으로 뒤떨어지는 본인의 자녀에 대해 더욱 강력한 지도와 관리 방법을 쓰게 됩니다. 결과적으로 학습의 성과도 없을뿐더러 자녀와 부모의 관계가 훼손됩니다. 사춘기에 이른 자녀와의 갈등이 최고로 증폭되는 이유가 되기도 합니다. 자녀의 성향과 발달 단계에 맞는 학습, 독서, 경험을 통해서 전인적 성장을 할 수 있도록 지원하는 것이 가장 중요합니다.

2028 대입 제도 개편은 미래교육을 지향하는 교육 개혁의 신호탄입니다. 미래 사회가 요구하는 역량을 갖춘 인재를 키우기 위해서는 기존 방식과는 다른 노력이 필요하다고 생각합니다. 하지만 기본에 있어서 역량은 큰 차이가 없습니다. 오래전에 제시된 인재상에서 도구의 변화가 반영됐을 뿐입니다. 석기, 철기, 컴퓨터, 인공지능, 빅데이터, 메타버스 등 도구는 변화해 왔지만 지식과 기술, 태도가 중요하다는 점은 변화하지 않는 것 같습니다.

학습은 습관입니다. 자기 주도성은 너무나 중요합니다. 학생이 주도적으로 목표를 정하고, 계획을 세우고, 실행하고, 평가하고, 그 결과로 새로운 목표를 정하는 과정은 습관으로 체화되어야 합니다. 타고난 천재보다는 만들어지는 인재가 중요합니다. 모든 아이는 잠재력을 갖고 있습니다. 학부모와 교사는 아이의 잠재력이 발현될 수 있도록 지원해 주는 역할을 해야 합니다. 일부 학생이 성공하고, 다수가 실패하는 교육은 모두가 불행한 교육입니다. 모든 학생이 성공할 수 있는 다양한 목표가 설정되고, 그 목표를 위해 지원하는 것이 모두를 위한 교육이라고 할 수 있을 것입니다.

　학생과 학부모님, 이제 학교교육에 집중하십시오. 학교교육에서 본인이 지향하는 목표에 따라 교육과정을 설계하고, 최선을 다하는 것이 성공적인 교육의 방법이 될 것입니다. 교육부와 교육청, 학교에서는 학교교육에 집중한 학생이 진학과 진로 설계에 성공할 수 있는 제도가 안착될 수 있도록 노력해 주시기를 당부드립니다.

2023년 11월
모두가 행복한 교육을 꿈꾸며
정제영

목차

1부

2028 대입 제도부터 알아야 한다

1장

내신 5등급제와
통합 수능이 무엇인가요?

2025학년도 신입생부터
고교 내신 5등급제 도입

2023년 12월에 교육부에서 발표한 '미래 사회를 대비하는 2028 대학 입시 제도 개편 확정안'은 고등학교 내신을 9등급제에서 5등급제로 전환하는 내용을 담고 있습니다. 우선 고등학교 내신평가의 공정성을 확보하기 위해 고등학교 1~3학년의 비율을 동일하게 평가에 반영하도록 하였습니다. 그리고 절대평가인 성취평가제를 전면 적용하되, 성적 부풀리기에 대한 우려 없이 안정적으로 현장에 정착될 수 있도록 5등급 상대평가를 함께 기재하도록 한 것입니다. 이는 2025학년도부터 고등학교 2, 3학년은 절대평가인 성취평가제를 적용하고 1학년만 상대평가인 9등급제를 적용하도록 한 전(前) 정부의 확정된 교육정책을 변경한 것이라고 할 수 있습니다.

현행 고등학교 내신 9등급제를 5등급제로 전환하면 비율

9등급제		
등급	등급 비율(%)	누적 비율(%)
1등급	4	4
2등급	7	11
3등급	12	23
4등급	17	40
5등급	20	60
6등급	17	77
7등급	12	89
8등급	7	96
9등급	4	100

5등급제		
등급	등급 비율(%)	누적 비율(%)
1등급	10	10
2등급	24	34
3등급	32	66
4등급	24	90
5등급	10	100

9등급제와 5등급제 비교

출처: 교육부, 2028 대학 입시 제도 개편 시안, 2023(재구성)

은 다음과 같이 조정됩니다. 9등급제에서는 석차에 따라 1등급이 4%, 2등급 7%, 3등급 12%, 4등급 17%, 5등급 20%, 6등급 17%, 7등급 12%, 8등급 7%, 9등급 4%입니다. 반면 5등급제에서는 석차에 따라서 1등급 10%, 2등급 24%, 3등급 32%, 4등급 24%, 5등급 10%입니다. 누적 비율로 본다면 기존 9등급제에서 1, 2등급을 받던 학생 중 10%가 1등급이 되고, 3등급과 4등급 일부인 34%까지 2등급, 5등급과 6등급의 일부인 66%까지 3등급이 되는 것입니다.

현재 고등학교에서 아이들의 성적을 평가하는 9등급제를 간단하게 말하자면, 아이들끼리의 성적 경쟁을 극명하게 하는

구분		절대평가		상대평가	통계정보		
		원점수	성취도	석차등급	성취도별 분포 비율	과목평균	수강자수
보통 교과	공통과목	○	A·B·C·D·E	5등급	○	○	○
	선택과목 (일반·진로·융합)	○	A·B·C·D·E	5등급	○	○	○
	전문교과	○	A·B·C·D·E	5등급	○	○	○

과목별 성적 산출 및 대학 제공 방식(안) ※ 예체능, 과학탐구실험, 교양과목은 석차등급 미산출
출처 : 교육부, 2028 대입 제도 개편 시안, 2023

평가 방식입니다. 아이들은 자기 자신의 능력을 키우는 것보다 다른 친구들을 앞서는 것에 집중하게 됩니다. 결과적으로 교실은 무한 경쟁의 장이 되어 버린 것입니다. 전 정부의 교육정책대로 1학년만 9등급제를 적용하게 된다면 아이들은 고등학교 1학년 진학에 맞춰 선행학습과 사교육에 허덕이게 됩니다.

바뀐 제도에서는 고등학교 1~3학년에서 모두 같은 방식으로 성적을 평가받게 됩니다. 또한, 대학입학 과정에서 아이들의 능력을 정확하게 평가하기 위해 5등급의 상대평가 결과와 성취평가 결과가 같이 제공됩니다.

중요한 사실은 우리나라를 제외한 많은 나라가 이미 이 5등급 체제를 사용하고 있다는 것입니다. 6등급제를 적용하는 영국을 제외하고 미국, 일본, 프랑스, 호주, 홍콩 등 세계 대부분의 나라에서 A부터 E까지, 총 5개의 등급으로 학생들을 평가하고 있습니다.

국가	고교 내신평가 방식		대학 제공 (대입 반영)	비고
미국	5등급 (A~E) ※ E: 과락	절대 평가	•대학에 따라 다양한 방식으로 활용 (예: A=4, B=3 등으로 GPA 환산)	주(state)마다 평가 방식 다양
일본	5등급 (A~E)	절대 평가	•지원한 대학의 학부 •학과에서 요구하는 과목의 평균 성적(GPA)	고교 내신을 평가에 반영하는 대입전형이 한정적
프랑스	5등급 (약간우수, 우수, 매우우수 등)	절대 평가	•고2~3학년 과목 성적의 학년별 평균 성적	
홍콩	5등급 (A~E)	절대 평가	•A등급은 상대평가 방식으로 3단계 세분화(A++, A+, A)	대입에서는 상대평가 점수인 표준점수 활용 A등급 세분화
호주	5등급 (A~E)	절대 평가	•표준점수로 환산 •수강 과목 중 우수한 성적 4개 제출	대입에서는 상대평가 점수인 표준점수 활용
영국	6등급 (A+, A~E)	절대 평가	•표준점수로 환산 •A등급은 절대평가 방식으로 세분화(A+, A)	대입에서는 상대평가 점수인 표준점수 활용 A등급 세분화
중국	4등급 (A~D)	절대 평가	•대학에 따라 다양한 방식으로 활용	학교가 아닌 지역(省) 단위의 내신 성적(학업 능력고사), 일부 지역은 상대평가 시행

세계 각국의 내신평가 방식 요약

출처: 교육부, 2028 대학 입시 제도 개편 시안, 2023

2028 대학 입시 제도 개편 시안의 주요 내용

.

대학입학전형, 특히 대입의 중심이 되는 수학능력시험의 개편은 무엇보다 '공정성'과 '안정성'을 최우선으로 두고 진행되어야 합니다. 교육 제도와 정책이 추구해야 할 중요한 가치는 '공정성'입니다. 특히 대학입학전형은 모든 국민의 관심이 집중되는 제도이고, 미래 사회에 대비한 인재 양성의 방향을 제시하기 때문에 '안정성'과 함께 국민의 신뢰가 중요합니다. 최근 2022년 한국교육개발원 여론조사(KEDI POLL)에서도 이를 반영하여 공정성 강화가 1순위 항목으로 25%라는 높은 비율을 차지한 바 있습니다. 그만큼 고등 교육정책에서 '대입 제도 공정성 강화'는 우선시되는 요소입니다.

2025년에 고등학교에 입학하는 학생들이 치르게 될 2028학년도 수학능력시험에는 큰 변화가 있습니다. 이 개편안은 고등학교 교육과정과 수능의 연계성을 높이기 위한 것이며, 공정하고 객관적인 평가를 통해 학생들에게 실력에 따른 평등한 기회를 제공하고자 하는 목표를 갖고 있습니다. 크게 네 가지의 변화가 있다고 할 수 있습니다.

첫째, 국어, 수학, 영어 영역은 앞으로 선택과목 없이 동일한 내용과 기준으로 평가됩니다. 특히 국어에는 화법과 언어, 독서와 작문, 문학이 포함되고, 수학에는 대수, 미적분Ⅰ, 확률과 통계가 반영되며, 영어는 영어Ⅰ·Ⅱ가 출제 범위에 해당됩니다. 이는 일반적으로 모든 학생들이 공부하는 주요 과목 위주로 출제될 것입니다. 고등학교 교육과정 중에서 수업 기준으로 8과목에 해당하고, 고등학교에서 일반적으로 개설되고 분야별 주요 내용을 다루는 과목 위주로 출제되며, 현행 수능과 학습량은 동일하게 설정됩니다. 또한 첨단 분야 인재 양성을 위해 '미적분Ⅱ＋기하'를 절대평가 방식으로 평가하는 심화 수학 영역 신설에 대해서는 고교학점제를 통해 심화수학 학습 결과를 대학이 평가할 수 있으므로, 통합형·융합형 수능 개편의 취지에 맞게 제외하는 것으로 확정되었습니다.

둘째, 사회와 과학탐구 영역에서 큰 변화가 있습니다. 앞으로 모든 응시자는 선택과목 없이 전반적인 사회와 과학 내용을 다루는 '통합사회'와 '통합과학'에 동일하게 응시하게 됩니다. 이를 통해 지식의 깊이뿐만 아니라 넓이와 융합적 사고 능력도 중요시하는 평가로 전환되는 것입니다.

셋째, 직업탐구 영역은 유지하되, 모든 전공에 공통인 '성공적인 직업생활'을 중심으로 출제될 예정입니다. 넷째, 한국사와 제2외국어/한문의 경우에는 교육과정에 따라 출제되는 과목이 조정될 예정입니다.

전체적으로 영역별 평가 방식 및 성적 제공 방식은 학생들의 안정성을 위해 현행 그대로 유지됩니다. 학교의 교과서 선택에 따른 유불리를 해소하고, 교육과정과 연계된 수능 출제 관리, 사교육 경감을 위해서 EBS와의 연계도 변함없이 지속됩니다. 50%의 간접 연계 방식을 통한 연계 체감도가 높은 출제로 학생들이 공교육 및 EBS 중심으로 수능 준비를 할 수 있도록 지원할 것입니다.

영역		현행 (~2027 수능)	개편안 (2028 수능~)
국어		공통＋2과목 중 택1 공통: 독서, 문학 선택: 화법과작문, 언어와매체	공통 (화법과언어, 독서와작문, 문학)
수학		공통＋3과목 중 택1 공통: 수학Ⅰ, 수학Ⅱ 선택: 확률과통계, 미적분, 기하	공통 (대수, 미적분Ⅰ, 확률과통계)
영어		공통 (영어Ⅰ, 영어Ⅱ)	공통 (영어Ⅰ, 영어Ⅱ)
한국사		공통 (한국사)	공통 (한국사)
탐구	사회 · 과학	17과목 중 최대 택2	
		사회 : 9과목 한국지리, 세계지리, 세계사, 동아시아사, 경제, 정치와법, 사회·문화, 생활과 윤리, 윤리와 사상	사회 : 공통 (통합사회)
		과학 : 8과목 물리학Ⅰ, 화학Ⅰ, 생명과학Ⅰ, 지구과학Ⅰ, 물리학Ⅱ, 화학Ⅱ, 생명과학Ⅱ, 지구과학Ⅱ	과학 : 공통 (통합과학)
	직업	1과목 : 5과목 중 택1 2과목 : 공통＋[1과목] 공통 : 성공적인직업생활 선택 : 농업기초기술, 　　　 공업일반, 상업경제, 　　　 수산·해운산업기초, 인간발달	직업 : 공통 (성공적인직업생활)
제2외국어 /한문		9과목 중 택1 제2외국어/한문 : 9과목 독일어Ⅰ, 프랑스어Ⅰ, 스페인어Ⅰ, 중국어Ⅰ, 일본어Ⅰ, 러시아어Ⅰ, 아랍어Ⅰ, 베트남어Ⅰ, 한문Ⅰ	9과목 중 택1 제2외국어/한문 : 9과목 독일어, 프랑스어, 스페인어, 중국어, 일본어, 러시아어, 아랍어, 베트남어, 한문

2028학년도 수능 개편안 요약 ※ 음영표기는 "절대평가" 적용 영역

출처 : 교육부. 2028 대입 제도 개편 시안, 2023

2장

학부모와 학생이
가장 궁금해하는
대입 제도 개편안
Q&A 20

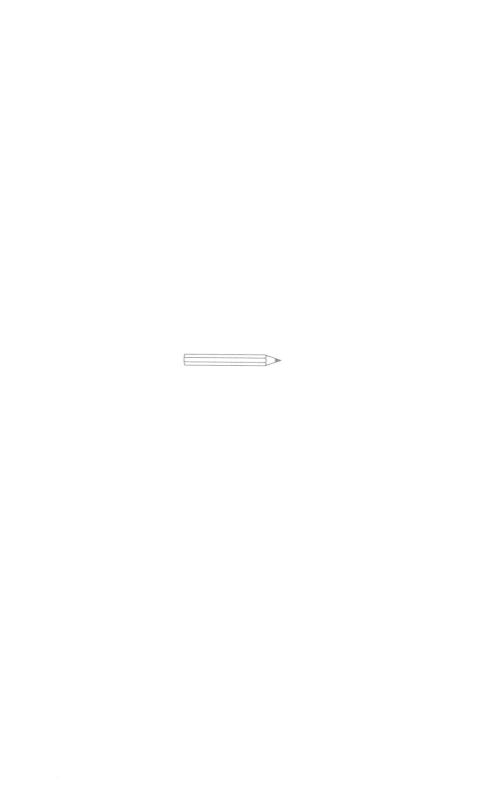

1   '통합형 수능 과목체계'가 무엇인가요?

- 모든 학생들이 수능 국어·영어·수학과 사회·과학탐구에
  서 같은 내용과 기준으로 시험을 보는 체제입니다.

- 이제까지 수능 국어, 수학, 사회·과학탐구에 여러 선택과
  목이 있어 학생이 어떤 과목을 선택했는지에 따라 점수
  유불리가 나타나고 복잡했다면, 앞으로는 더 공정하고 간
  소화된 알기 쉬운 수능이 됩니다.

2   수능이 지금보다 더 어려워지나요, 쉬워지나요?

- 이번 시안에서 발표한 통합형 수능 과목체계는 열심히 노
  력해서 실력을 쌓은 학생이 좋은 결과를 얻게 되는 체제
  로, 과목 구조로 인해 특정 학생에게 유불리가 발생하지
  않는다는 장점이 있습니다.

- 국어·수학·영어는 바뀐 교육과정으로 인한 미세한 변화가
  있더라도 지금처럼 학교 수업 기준으로 총 8과목을 평가
  하는 것이기 때문에 큰 변화가 없습니다.

- 사회·과학은 현재의 수능과 출제되는 과목의 특성이 달라
  단순 비교는 어렵습니다. 이제까지 개별 사회·과학 과목

의 자세한 내용을 출제해 왔다면, 2028 수능은 통합적 내용으로 출제하게 됩니다. 물론, 고등학교 교육과정의 수준과 범위 내에서 적정한 변별력을 갖춰 출제한다는 수능의 기본 원칙은 변함없이 지켜집니다.

3 통합사회·통합과학은 새로워 보여요. 사교육 부담이 늘어날까요?

– 통합사회와 통합과학은 2015 개정 교육과정에서 도입되어 2018년부터 이미 모든 고등학교에서 가르치고 있는 기초·핵심과목으로 학생들이 공교육 안에서 충분히 준비할 수 있는 과목입니다.

– 통합사회·과학은 사회·과학 전반의 주요 내용을 다루는 과목으로, 문제 풀이 기술을 익히는 사교육보다 융합적 사고력을 키울 수 있는 공교육 중심의 수능 준비가 더욱 효과적입니다.

– 킬러문항이 배제되고 사교육 이권 카르텔이 사라진 건강한 수능과 통합형 수능 과목체계로 사교육 경감에 기여하겠습니다.

4 통합사회·통합과학에서는 구체적으로 어떤 문제가 나오나요?

– 암기 위주의 평가가 아니라 미래 사회에 필요한 융합적 사고력을 평가하는 방향으로 출제하고자 하며, 안심하고 준비할 수 있도록 연구를 거쳐 내년 하반기 중 예시문항을 신속히 공개하겠습니다.

5 수능에 경제, 정치, 물리학, 화학 과목들을 출제해야 학생들이 공부하지 않을까요?

– 지금처럼 일부 과목만 선택해서 수능을 보도록 했을 때, 학생들은 점수를 받기 쉽다고 여겨지는 특정 과목들을 선택하는 경향을 확인했습니다. 현재 수능에서 물리학Ⅱ, 경제 등을 출제하고 있음에도 선택한 비율은 0.5~1% 수준에 불과했습니다.

– 통합사회·통합과학은 사회·과학의 핵심 내용을 전체적으로 아우르는 과목이기 때문에 중요한 기본개념을 빠짐없이 배울 수 있습니다.

– 또한, 학생들도 더욱 심화된 내용은 수능 부담 없이 학교 수업을 통해 다양하게 배울 수 있고, 그 과정과 결과는 대학의 학생부 평가에 반영될 수 있습니다.

6 정시 비율은 어떻게 되나요?

  – 대입 안정성을 위해 현재와 동일합니다.

7 수능을 자격고사로 전환하자는 의견이 있던데 어떻게 되나요?

  – 대입 제도는 안정과 공정이 중요하므로 신중한 검토가 필요합니다.

8 수능 출제위원을 무작위로 추첨해서 정하면 역량 있는 출제위원이 제외될 수도 있지 않나요?

  – 아닙니다. 수능 출제위원은 이미 실력과 경력이 검증된 위원풀 안에서만 선정되기 때문에 문제의 질은 안정적으로 유지되면서도 이권 카르텔은 근절된 공정하고 건강한 수능이 될 것입니다.

9 고교 내신평가 방식을 바꾸는 이유가 무엇인가요?

- 2021년에 예고된 고교학점제 내신평가 방식대로 '고1 9등급 상대평가+고2·3 전면 5등급 절대평가'가 실제로 적용되면 너무나 큰 혼란이 발생할 것으로 예측되기 때문입니다.

- 예고한 바와 같이 학년별로 내신을 다르게 평가한다면 고1 내신 경쟁은 지나치게 과열되고, 고2·3 성적은 부풀려져서 변별력을 잃는 문제가 이중으로 발생합니다. 그리고 학령인구 감소가 급격히 진행되고 있는 상황에서 현재의 9등급제는 1등급(4%)이 나오지 않는 소규모학교나 선택한 학생의 수가 적은 소인수 과목에서 매우 불리하기 때문에, 반드시 재검토가 필요합니다.

- 2028 대입 개편 시안과 같이 고1~3 일관된 5등급 체제를 도입하고 절대평가를 하면서 안전장치로 상대평가를 함께 대입에 활용하면, 공교육 파행을 막고 내신의 공정성을 높일 수 있습니다.

10 내신은 5등급제로 바뀌는데 왜 수능은 9등급이 유지되나요?

- 수능 등급 체제가 개편되면 수시 최저학력기준 등 큰 틀의 변화가 나타나 학생·학부모의 혼란이 커질 수 있습니다. 따라서 안정을 위해 수능에는 9등급제가 유지됩니다.

- 또한, 수능과 내신은 다릅니다. 수능은 약 50만 명이 치르는 대규모 국가시험이며, 수능 점수로 제공되는 표준점수·백분위·등급이 각각 입시에 다양하게 활용되고 있습니다.

11 내신 5등급제는 변별력이 떨어지지 않나요?

- 아닙니다. 2021년에 예고했던 고1 상대평가, 고2·3 전면 절대평가 방식에 비해 대입 변별력은 훨씬 강화됩니다.

- 학생 수가 감소하고 있고, 학생이 고교 3년간 배우게 되는 과목 수가 전체 50여 개임을 고려하면 대입 변별력은 충분합니다.

12 상대평가는 고교학점제 도입 취지에 반하는 것 아닌가요?

- 아닙니다. 고교학점제 취지대로 학생의 진로와 적성에 맞는 과목 이수가 대입으로 연계되려면 기본적으로 고교학점제 내신 성적을 대학이 신뢰할 수 있어야 합니다. 따라서 최소한의 안전장치로 상대평가 병기가 필요합니다.

- 고교학점제가 성공적으로 안착할 수 있게 현장의 의견을 들으며 계속해서 보완해 나가겠습니다.

13 고교 3년간 내신을 상대평가하면 사교육이 늘어나지 않을까요?

- 아닙니다. 2021년에 예고한 내신평가 방식을 그대로 유지했다면 고1 내신을 잘 받기 위한 선행학습 사교육이 심각하게 증가했을 것이지만, 이번 시안은 고교 전 학년 5등급제를 통해 전체적으로 부담을 분산시켰기 때문에 과잉 사교육이 예방될 수 있습니다.

- 학생 참여 중심의 수업 혁신과 논·서술형평가, 절대평가 강화 등 내신평가의 혁신으로 암기·반복훈련 위주의 문제풀이식 사교육을 경감해 나가겠습니다.

14 고교 내신의 변화로 대입은 어떻게 바뀌나요?

- 큰 변화 없이 안정적으로 유지됩니다. '학생부교과전형' 등
내신 성적 위주로 평가하는 대입전형이 지금처럼 운영될
수 있습니다.

- 대학은 절대평가·상대평가 성적을 상호 보완적으로 자율
활용할 수 있으며, 향후 교사의 평가 역량 강화로 절대평
가에 대한 신뢰가 한층 높아지면 절대평가 성적만을 활용
할 수도 있을 것입니다.

15 내신 논·서술형평가는 공정한가요?

- 논·서술형평가 확대는 불필요한 사교육을 유발하는 5지
선다형 평가를 지양하고 사고력, 문제해결력 위주로 학생
의 성취 수준을 정확히 평가하기 위해 확대하려는 취지입
니다.

- 교사의 전문성을 바탕으로 논·서술형평가의 공정성이 확
보될 수 있게 교사 연수, 국가수준 평가 기준 마련 등 시
도교육청과 함께 현장 지원에 최선을 다하겠습니다.

16 수능에는 논·서술형 문항이 출제되지 않는 건가요?

– 고교 내신을 통해 학생들이 논·서술형 문제를 충분히 접하지 않은 상황에서 수능에 논·서술형을 출제하게 되면 사교육 증가 우려가 크다고 판단했습니다.

– 교사의 평가 역량 강화를 통해 해외 주요국처럼 학교에서 논·서술형평가가 보편적으로 잘 운영된다면, 향후 국가교육위원회 중심으로 미래형 수능 등 발전적인 논의가 이루어질 수 있을 것입니다.

3장

교육부 발표 자료
직접 보기

보도 자료 자세히 보기

2028 수능 국·수·탐 선택과목 없이 통합 평가
학업포기 내모는 내신 9등급제, 2025부터 5등급 체제로

- 교육부, 미래 사회 대비한 '2028 대입 제도 개편 시안' 발표
- 대입의 두 축인 수능시험-고교 내신 체계를 선진형으로 개혁
- 수능 선택과목에 따른 유불리 문제와 기형적인 내신 구조 해소
- 내신에 논·서술 평가를 늘려 사고력·문제해결력 키울 것

* 지구과학 I (33.7%) vs 물리학 II (0.6%), 생활과윤리(32.9%) vs 경제 (1.1%)(2023 수능)

교육부 발표 자료 직접 보기

올해 중학교 2학년 학생들이 치르는 2028학년도 대학 입시 제도의 시안이 발표되었다. 교육부(부총리 겸 교육부장관 이주호)는 10월 10일(화) 2028 대학 입시 제도 개편 시안 (이하 '2028 대입 개편 시안' 또는 '시안')을 국가교육위원회(위원장 이배용)에 보고하고 의견 수렴을 요청하였고, 국가교육위원회의 논의와 의결을 거쳐 12월 27일에 확정안을 발표하였다.

2028 대입 개편 시안은 대입 제도의 중요한 가치인 공정과 안정을 중심으로 2025년부터 고교학점제로 공부하는 학생들이 미래를 대비할 수 있게 ①수능시험과 ②고교 내신을 개선하는 방안을 담았다.

교육부가 수능시험의 현황 및 문제점을 검토한 결과, 현재의 수능 선택과목 체계는 학생의 진로에 맞는 선택을 지원하기보다는 점수를 얻기 유리한 특정 과목으로의 쏠림을 유발하고 있는 것으로 나타났다. 과목 선택에 따라 같은 원점수일지라도 실제 수능 성적표에 기재되는 표준점수는 달라질 수 있어 학생들이 전략적으로 수능 과목을 선택하고 있는 것이다.

※ 고교교사, "현재의 수능 선택과목은 학생들이 자신의 적

---

* 현재 부분 시행 중인 내신 절대평가 모니터링 결과, A등급 비율 정상 범위보다 높음 → 정상분포 추정 시 10% vs 일반고22%, 외고48%, 과학고59%, 자사고33%(평가원, '22.)

** 고1 학업중단율(일반고) ('20.)1.5% → ('22.)2.3%, 검정고시자 수능 응시 ('19.)1.9% → ('24.)3.6%

성, 진로와 무관하게 점수 취득을 고려하여 전략적으로 접근하도록 만들고 있음"(대입 개편 전문가포럼, '23.2)

더욱이, 고교학점제가 처음으로 전면 적용되는 현재 중학교 2학년 학생들은 더욱 세분화된 과목으로 배우기 때문에, 현재의 수능 과목체계에 학점제를 그대로 반영할 경우 과목 유불리가 더 심화될 수밖에 없는 상황이다.

특히, 고교 내신평가를 면밀하게 검토한 결과, 만약 지난 2021년 2월에 예고된 대로 고등학교 1학년 공통과목은 9등급 상대평가를 하고 고등학교 2·3학년 선택과목은 전면 5등급 성취평가(절대평가)를 하게 될 경우, 2025년부터 학교 현장의 혼란이 매우 커질 것이라고 분석되었다.

교육부는 기존에 예고한 내용이 실제로 적용되면 고2·3 내신에 성적 부풀리기*가 나타나 내신 성적을 기반으로 하는 대입전형들을 안정적으로 운영하기가 어려워질 수 있고, 이로 인해 고1 내신이 대입에 더 중요해지는 불공정이 발생할 것이라고 보았다. 고1 성적이 만족스럽지 않더라도 절대평가인 고2·3 시기에 만회하기 어렵기 때문에, 고1 시기의 내신 경쟁과 사교육이 과열되고 이미 증가 추세인 고1 학업 중단**과 사교육비가 더 크게 증가할 가능성이 발생한다.

---

* 　전국 43개 고교가 학생수 부족으로 1등급 '없음', 고교의 40%가 학년당 학생 200명 미만('23.)

※ 결국 1학년 공통과목 성적이 중요··· 사교육 경쟁·의존이 늘어날 것(학부모 FGI, '23.9)

한편, 상위 4% 학생들만 1등급을 받는 9등급제는 급격한 학령인구 감소 상황에서 지역의 소규모학교에 불리하고*, 논·서술형평가 중심으로 5등급 체제를 도입하고 있는 세계적인 추세에도 맞지 않다는 지적이 있다.

교육부는 수능과 고교 내신을 둘러싼 문제점들을 해소하고 최근 드러난 수능 이권 카르텔을 근절하기 위해 다음의 내용으로 시안을 마련하였다.

1 통합형·융합형 수능 과목체계로 개편

2028학년도 수능 국어, 수학, 사회·과학탐구, 직업탐구 영역은 모두 선택과목 없이 통합형으로 시험 보게 된다. 모든 학생들을 유불리 없이 동일한 내용과 기준으로 평가하는 것이다. 통합형 과목체계를 통해 어떤 과목을 선택했는지에 따른 유불리와 불공정 문제를 근본적으로 해소할 계획이다.

특히, 수능 사회·과학탐구에서 응시자 모두 '통합사회'·'통합과학'을 보도록 해 과목 간의 벽을 허물고 융합적인 학습을 유도한다는 계획이다. 개별과목의 지식을 묻는 암기 위주 평가에서 벗어나 사회·과학의 기본·핵심 내용들을 바탕으로 논리적 사고 역량을 키우는 융합평가로 개선하고, 변별력은 유지한다.

이번 시안은 수능의 안정적인 운영을 위해 통합형 과목체계로 전환하는 내용을 제외하고 수능 영역별 평가 방식, 성적 제공 방식, 이비에스(EBS) 연계율 등은 현행과 동일하게 유지하고자 하였다.

2　이권 카르텔 근절

공정하고 건강한 수능을 실현하기 위해 수능 출제·관리 전 단계에 걸쳐 이권 카르텔 유발 요인을 제도적으로 차단한다.

수능 출제에 참여하는 위원들의 자격기준을 강화해 사교육 영리행위자는 전면 배제하고, 무작위 추첨으로 출제진을 최종 결정해 학연·지연 등의 이권 카르텔이 개입하지 못하도록 한다. 이때 국세청의 협조로 과세정보를 확인하여 허위 신고로 인한 허점이 없도록 보강한다. 출제가 끝난 후에는 향후 5년간 수능과 관련된 사교육 영리행위는 일절 금지한다.

*　　1등급(10%)-2등급(24%, 누적34%)-3등급(32%, 누적66%)-4등급(24%, 누적90%)-5등급(10%, 누적100%)

3   고교 내신을 5등급 체제로 선진화

2025년부터 고교 내신평가는 고1·2·3학년, 전 과목에 동일한 평가체제를 적용하여 2021년 고교학점제 계획에서 예고된 대로 학년별 평가 방식이 달라졌을 때의 혼란과 불공정을 방지한다. 교실을 황폐화시키는 내신 9등급제는 선진화된 5등급제*로 개편한다.

2025년부터는 모든 학년과 과목에 일관되게 학생의 성취수준에 따른 5등급 절대평가(A~E)를 시행하면서, 절대평가가 안정적으로 시행될 수 있게 성적 부풀리기에 대한 안전장치로 상대평가 등급(1~5등급)을 함께 기재한다.

4   교사의 평가 역량 강화

모든 교사가 전문적인 평가 역량을 갖추도록 지원해 지금까지 고교 내신평가에 일반적으로 활용되었던 지식 암기 위주의 5지선다형 평가에서 벗어나 미래에 필요한 사고력, 문제해결력 등의 역량을 기를 수 있도록 논·서술형평가를 확대한다. 과목별 성취수준을 표준화하는 등 내신 절대평가에 대한 신뢰도도 높인다.

이권 카르텔이 해소된 공정하고 건강한 수능과 더불어, 이번 시안이 담고 있는 통합형 수능 과목체계와 일관된 5등급 고교 내신평가 방식을 통해 큰 틀의 대입 제도를 안정적으로 유지할 수 있어 학생·학부모는 혼란 없이 안심하고 대입을 준비할 수 있다. 고교에서는 학생들이 소통·협력하며 공부하고 교사가 선진화된 평가로 수업 혁신의 동력을 얻을 수 있고, 대학은 신뢰할 수 있는 수능과 내신을 통해 공정하게 학생을 선발할 수 있다.

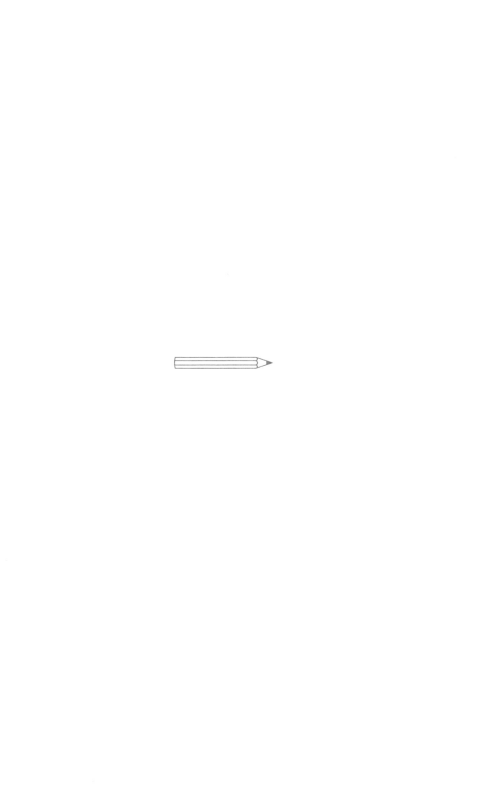

미래 사회를 대비하는
2028 대학 입시 제도 개편안

2023. 10. 및 2023. 12.

교육부

목차

I. 추진 배경 및 방향

□ **2028학년도 대학 입시 제도 개편의 열쇠는 수능과 내신**

○ 대입 제도는 미래인재 양성에 기여하면서, 학생·학부모·고교·대학 모두 예측 가능하고 준비할 수 있도록 설계하는 것이 중요

○ 대입의 핵심은 ❶수능시험과 ❷고교 내신(학생부), 두 개의 큰 축이 학생의 미래 대비와 대학의 인재 선발을 균형있게 지원할 필요

□ **수능은 '공정성'에 집중하면서 바람직한 교육적 변화 유도**

○ 평가의 기본적 가치는 '공정성', 수능시험에서 그동안 제기된 불공정을 개선하여 수능시험의 공정성과 국민 신뢰*를 확보 필요

  * 지속 강조 필요한 고등 교육정책 1순위 : '대입 제도 공정성 강화'(25%)(2022 KEDI POLL)

○ 미래 사회에서는 통합적·융합적 인재가 필요, 수능의 교육적 위상을 고려하여 공교육의 바람직한 변화를 이끌기 위한 수능 체제 검토

– 정부는 수능 개편을 통해 공정평가 기반 확립 및 교육개혁 유도

□ 미래 사회에 맞지 않는 고교 내신평가의 근본적 혁신 필요

ㅇ '25년 고교학점제 도입이 예고('21.2)되어, 학점제로 공부하여 2028 대입을 치를 학생들(現중2)의 고교 내신에 대해 검토

－ 정부는 예측가능성을 위해 과거 학점제 추진계획('21.2) 상 내신평가 방식을 유지한 바 있으나, 내신평가에 대한 우려 지속*

* 고1사교육 내모는 학점제('23.8.15.파이낸셜), 고2·3 절대평가…특목고 쏠림 우려('23.6.21.채널A)

ㅇ 교실 수업은 미래 사회에 대비하여 디지털 기반의 교육개혁 ('23.2)이 빠르게 추진되고 있지만, 내신평가의 혁신 속도는 다소 지연

◈ (수능시험) 공정성을 확보하고, 통합적·융합적 교육을 유도

◈ (고교 내신) 교육개혁·교실 수업 혁신에 발맞춰 내신평가 방식 혁신

Ⅱ. 현황 및 문제점

□ 분절적 과목 체계로 인한 불공정 유발 및 통합·융합 교육 저해

O (수능 선택과목 불공정) 기존의 수능 국어, 수학, 사회·과학 등 선택과목 체계는 학생 적성 역량을 고려한 다양한 교육을 저해

- 경제·물리학 등 다양한 과목보다는 높은 표준점수 확보에 유리한 특정 과목들로 쏠림* 유발

  * 지구과학Ⅰ(33.7%) vs 물리학Ⅱ(0.6%), 생활과윤리 (32.9%) vs 경제(1.1%)(2023 수능)

  ※ 고교교사, "현재의 수능 선택과목은 학생들이 자신의 적성, 진로와 무관하게 점수 취득을 고려하여 전략적으로 접근하도록 만들고 있음"(대입 개편 전문가포럼, '23.2)

- 어떤 과목을 선택했는지에 따라 같은 원점수일지라도 다른 표준점수를 받게 되어, 학생·학부모 혼란 및 불공정하다는 인식 확산

  ※ 고교 교사 36%, 수능에서 '국어·수학 선택과목' 수정·보완 필요 응답('23.대입 정책 의견조사)

  ※ 실력과 관계없이 선택한 과목에 따라 피해…유리한 과목에 쏠릴 것(학부모 FGI, '23.9)

- 수능 선택과목 체계를 유지할 경우, '25년 다양한 과목 선택을 적극 권장하는 학점제 하에서 수능 유·불리 논란이 심

화 예상

O (수능 선택과목 불공정) 기존의 수능 국어, 수학, 사회·과학 등 선택과목 체계는 학생 적성 역량을 고려한 다양한 교육을 저해

    * 예시 : (현행) 물리학Ⅱ(1과목)→(2022교육과정) 전자기와양자, 역학과에너지(2과목)

- 개별과목만으로는 교과 영역 전반에 대한 깊이 있는 학습과 통합적·융합적 사고 등 미래 사회에 필요한 역량 함양이 곤란

- 세분화된 고교 교육과정을 수능 과목에 반영 시, 학생·학부모 과목선택 혼란 및 출제·관리 상 안정적 운영에도 한계

    ※ 수능만큼은 공통으로 공정하게 시험보고 대학에 진학할 수 있어야, 수능 과목을 계속 쪼개고 나눠서 오히려 선택의 폭이 좁아진 느낌(학부모 FGI, '23.9)

⇒ 수능의 공정성을 확보하면서, 학교 현장에서의 통합적·융합적 학습을 유도하기 위해, 수능 과목체계 재구조화 검토

□ 분절적 과목 체계로 인한 불공정 유발 및 통합·융합 교육 저해

O (사교육 유착) 학원과의 유착으로 인해 그간 킬러문항 출제, 과거 수능 출제·검토위원 중 고액 영리행위자* 등 카르텔 확인

* 사교육 카르텔·부조리 범정부 대응협의회('23.9.19.), 교원 사교육 영리행위 자진신고 결과 확인된 수능 출제 관련자 24명 고소 및 수사의뢰

- 수능 공정성 확보를 위해 카르텔 소지를 원천 차단할 필요

⇒ 공정수능 실현을 위해 '킬러문항 배제'를 넘어 수능 출제와 관련한 모든 형태의 카르텔·부조리를 철저히 근절 추진

☐ **분절적 과목 체계로 인한 불공정 유발 및 통합·융합 교육 저해**

※ 기 예고('21.2) : '25년부터 고1(공통과목) 9등급 상대평가＋고2·3(선택과목) 전면 절대평가(성취평가)

○ (사교육 유착) 학원과의 유착으로 인해 그간 킬러문항 출제, 과거 수능 출제·검토위원 중 고액 영리행위자* 등 카르텔 확인

- 심화내용을 배우는 고2·3은 '성적 부풀리기'*로 내신 변별력 저하, 대입에서 학생 잠재력이 충분히 발현되지 않은 고1 내신에 영향 집중

* 현재 부분 시행 중인 내신 절대평가 모니터링 결과, A등급 비율 정상 범위보다 높음 → 정상분포 추정 시 10% vs 일반고22%, 외고48%, 과학고59%, 자사고33%(평가원, '22.)

- 고1 내신 성적이 불만족스러울 경우, 고2·3 수업 참여 동기 상실, 수능 준비를 위한 학업중단(자퇴)이 가속화될 우려*

  * 고1 학업중단율(일반고) ('20.)1.5% → ('22.)2.3%, 검정고시자 수능 응시 ('19.)1.9% → ('24.)3.6%

  ※ 결국 1학년 공통과목 성적이 중요… 사교육 경쟁·의존이 늘어날 것(학부모 FGI, '23.9)

O (교실 황폐화 9등급제) 학령인구 감소로 1등급(4%) 인원 축소가 예상되는 상황에서 현행 내신 9등급제는 과도한 경쟁을 조장

- 9등급제는 교실 내 소모적 경쟁과 이로 인한 과잉 사교육을 유발*하여, 미래 사회에 필요한 협업능력·공동체의식과 상충

  * 1인당 월평균 사교육비(만원) (고1) 49.1 〉(고2) 47.0 〉(고3) 41.9('22. 사교육비조사)

- '1등급'이 안 나오는 농어촌 등 소규모학교*와 적성·흥미를 고려한 소인수과목은 원천적으로 내신 불리 → 특정 학교·과목 소외

  * 전국 43개 고교가 학생수 부족으로 1등급 '없음', 고교의 40%가 학년당 학생 200명 미만('23.)

O (대입전형 연계 미흡) 내신이 학생의 고1~3 시기 노력과 역량을 반영하지 못하면 대학은 고교 내신 중심의 학생 선발에 한계*

* 교사·입학사정관, 내신 절대평가 시 학생부교과전형 운영 곤란 예상(정책연구 FGI, '22.12)

⇒ 내신평가의 공정성 확보 및 예상되는 2025년 현장 혼란을 예방하고, 학생의 성장·발달을 이끄는 교육 혁신을 위해 내신평가 방식 재검토

□ **세계적 추세에 역행하는 내신평가 방식은 교육개혁과 엇박자**

○ (舊시대적 평가체제) 객관식 5지선다형 위주의 내신 9등급제와 고1과 고2·3이 다른 학년별 평가 방식 차등화는 전 세계에 全無

- 세계 주요국 대부분 5등급제 평가를 실시하며, 학교 내신에서 주제 글쓰기, 보고서 평가 등 열린 논·서술형평가 지향

※ 우리나라는 시도별 고교 논·서술형평가 권장 비중 20%~35% 수준에 불과('22.)

※ 논·서술형 문항이 학업수준을 적절히 평가할 수 있다는 것은 동의하나, 학교에서 글쓰기 경험이 부족한 것이 걱정 (학부모 FGI, '23.9)

○ (교육개혁에 역행) 현재 교실 수업은 에듀테크 등을 활용한 학생 맞춤 교육으로 빠르게 전환*되고 있으나,

* 디지털 기반 교육 혁신방안('23.2.), 공교육 경쟁력 제고방안('23.6.) 등

- 아날로그 시대의 9등급제, 5지선다형 평가는 사교육 반복학습을 유발해 창의력·문제해결력 중심의 수업혁신에 역행

⇒ 미래 인재를 기르기 위해서는 교실 수업 혁신과 더불어 평가 혁신이 중요, 글로벌 스탠다드에 맞는 내신 등급체계 및 평가문항구조 검토

Ⅲ. 2028 대학 입시 제도 개편안

① 통합형·융합형 수능 과목체계로 개편

◆ 통합형 과목체계를 도입(선택과목 폐지)하여, 과목 선택의 유·불리를 해소하고 수능 '공정성' 확보

◆ 사회·과학 통합 응시로 벽을 허물고, 융합적 학습 유도

○ (통합형 과목체계 도입) 국어·수학·영어 영역은 선택과목 없이 동일한 내용과 기준으로 평가하고, 공정하고 단순하게 점수 부여

- 교육과정 중 일반적으로 개설되고 분야별 주요 내용을 다루는 과목* 위주로 출제, 현행 수능과 학습량 동일(고교수업 기준 8과목)

  * (국어) 화법과언어, 독서와작문, 문학 (수학) 대수, 미적분Ⅰ, 확률과통계 (영어) 영어Ⅰ·Ⅱ

  ※ 과도한 사교육 유발 방지를 위해 다양한 개념학습을 장려하는 수준으로 출제

○ (융합적 학습 유도) 사회·과학탐구 영역 응시자 모두 선택과목 없이 전반적인 내용을 다루는 사회·과학에 동일하게 응시*

  * 2개 모두 응시. 단, 대학이 각각의 수준을 평가할 수 있게 시험시간과 점수는 분리

- 교육과정 중 모든 학생이 필수적으로 학습하는 '통합사회', '통합과학'을 출제해 사회·과학의 기본적인 핵심 내용 평가

- 개별과목에 한정된 지식 암기 위주의 평가에서 사회·과학 전반을 다루고 논리적 사고 역량을 키우는 융합평가로 개선, 변별력 유지

  ※ 직업탐구 영역은 유지하되, 모든 전공 공통인 '성공적인 직업생활' 출제

◇ 한국사 영역, 제2외국어/한문영역은 교육과정에 따라 출제과목만 조정

◇ 영역별 평가 방식 및 성적제공 방식은 안정성을 위해 현행 유지

◇ EBS 연계는 현행 유지(50% 간접 연계) : 연계 체감도가 높은 출제로 공교육 및 EBS 중심 수능 준비 지원

〈 2028학년도 수능 개편안 요약 〉

영역		현행 (~2027 수능)	개편안 (2028 수능~)
국어		공통 + 2과목 중 택1 공통 : 독서, 문학 선택 : 화법과작문, 언어와매체	공통 (화법과언어, 독서와작문, 문학)
수학		공통 + 3과목 중 택1 공통 : 수학 I , 수학 II 선택 : 확률과통계, 미적분, 기하	공통 (대수, 미적분 I , 확률과통계)
영어		공통 (영어 I , 영어 II)	공통 (영어 I , 영어 II)
한국사		공통 (한국사)	공통 (한국사)
탐구	사회 · 과학	17과목 중 최대 택2	
		사회 : 9과목 한국지리, 세계지리, 세계사, 동아시아사, 경제, 정치와법, 사회·문화, 생활과윤리, 윤리와사상	사회 : 공통 (통합사회)
		과학 : 8과목 물리학 I , 화학 I , 생명과학 I , 지구과학 I , 물리학 II , 화학 II , 생명과학 II , 지구과학 II	과학 : 공통 (통합과학)
	직업	1과목 : 5과목 중 택1 2과목 : 공통 + [1과목]	직업 : 공통 (성공적인 직업생활)
		공통 : 성공적인직업생활 선택 : 농업기초기술, 　　　공업일반, 상업경제, 　　　수산·해운산업기초, 인간발달	
제2외국어 /한문		9과목 중 택1 제2외국어/한문 : 9과목 독일어 I , 프랑스어 I , 스페인어 I , 중국어 I , 일본어 I , 러시아어 I , 아랍어 I , 베트남어 I , 한문 I	9과목 중 택1 제2외국어/한문 : 9과목 독일어, 프랑스어, 스페인어, 중국어, 일본어, 러시아어, 아랍어, 베트남어, 한문

※ 음영표기는 "절대평가" 적용 영역

교육부 발표 자료 직접 보기

65

② 이권 카르텔 근절

◆ 공정한 수능을 위해 출제관리 全단계에 걸쳐 카르텔 유발요인을 제도적으로 차단

	현행		개선
❶ 위원풀 구성	체계적인 관리 미흡	→	자격기준 강화
❷ 위원 선정 과정	■서약서 등 자진 신고에 의존 ■인위적 개입 가능성 존재	→	선정 전 과세정보 확인 무작위 추첨 선정
❸ 출제 이후	'참여경력 노출'만 금지	→	사교육 영리행위 금지

○ (위원풀 구성) 학원에 문항 등을 판매한 사교육 영리행위자는 원천 배제되도록 수능 출제·검토위원의 자격기준 강화

※ 자격기준 등을 교육부 훈령으로 정해 관리 강화('23.12, 수능 관리규정 제정)

○ (위원 선정 과정) 출제·검토위원 선정 시 검증된 인력풀 내에서 무작위 추첨으로 결정, 학연·지연·친분 등 카르텔 개입 예방

– 출제·검토위원의 사교육 영리행위 여부에 대한 허위신고 소지를 사전 차단하기 위해 과세정보 확인*('23.下~,고등 교육법 개정)

* 국세청에 수능·모의평가 출제·검토위원의 기타소득 등 과세정보 요청 근거 마련

○ (출제 이후) 출제 후 5년간 수능·모의평가 참여 경력을 이용한 사교육 영리행위 금지('23.下~,고등 교육법 개정)

◇ 입시비리 집중 점검·적발을 위해 교육부 內 전담팀 운영
(’23.下~, 기존 관련 대책팀과 통합 운영)

◇ 고의적·조직적인 중대 입시비리 발생 시, 해당 대학에 즉시
정원 감축 등 엄정 처분(’23.下~, 고등 교육법 시행령 개정)

③ 고교 내신 5등급 체제로 선진화

◆ 내신평가의 공정성을 위해 고 1·2·3 동일한 평가체제로 개
편

◆ 내신평가 혁신으로 9등급제 폐지, 5등급제 도입

 - 모든 과목에 절대평가를 시행하면서, 안정적으로 정착할
수 있도록 성적 부풀리기 우려에 대한 안전장치 마련(상대평
가 병기)

〇 (등급 구분기준 개선) 학생들을 극도의 경쟁으로 몰아넣어 교
실을 황폐화시키는 내신 9등급제 → 선진화된 5등급제*로
개편

* 1등급(10%)−2등급(24%, 누적34%)−3등급(32%, 누적
66%)−4등급(24%, 누적90%)−5등급(10%, 누적100%)

 - 고1 ‘내신 전쟁’ 및 과잉 선행 사교육을 유발하는 9등급제
대신 5등급제로 학생 간 과도한 경쟁을 완화하고, 협력학습
유도

 - 전 세계 유일한 상대평가 9등급제를 해외 주요국*처럼 5등
급 체제로 전환, 학령인구 감소 등 변화를 반영해 학교·과

교육부 발표 자료 직접 보기

목 유·불리 해소

O (全과목 절대 상대평가 병기) 절대평가(A~E)를 하면서 상대평가 등급(1~5등급)을 함께 기재(예체능 등 제외)

- 고교 전 학년(1·2·3학년)에 일관된 평가(절대평가＋상대평가 5등급 병기)를 하여, 학년별 평가 방식 차등화로 인한 혼란 방지, 공정성 확보

- 대입에 필수적인 변별력을 확보하며, 대학에 다양한 성적· 통계정보를 제공함으로써 평가 자율성 지원

- 사회·과학 교과의 융합선택 과목은 상대평가 석차 등급 미 기재

〈 과목별 성적 산출 및 대학 제공 방식(안) 〉

구분		절대평가		상대평가	통계정보		
		원점수	성취도	석차등급	성취도별 분포비율	과목평균	수강자수
보통교과	사회·과학 융합선택	○	A·B·C·D·E	5등급	○	○	○
	체육·예술/ 과학탐구실험	○	A·B·C	5등급	○	○	○
	교양	○	P	5등급	○	○	○
전문교과		○	A·B·C·D·E	5등급	○	○	○

※ 예체능, 과학탐구실험, 교양과목은 석차등급 미산출

3장

④ 교사의 평가 역량 강화

◆ 미래 사회 대비, 지식 암기를 확인하는 시험에서 학생 역량과 사고력을 측정할 수 있도록 논·서술형평가 확대 등 혁신

◆ 개별 학생마다 성취한 수준을 제대로 평가할 수 있도록 내신 절대평가 신뢰도 제고

◆ 모든 교사가 전문적인 평가 역량을 가질 수 있도록 집중 지원

○ (다양한 평가 방식 확산) 지식 암기 위주의 평가(5지선다형)는 지양, 사고력과 문제해결력을 평가할 수 있는 논·서술형평가 강화*

* (현행) 내신 논·서술형 문항 출제 관련 기준 미미 → (개선) 논·서술형 문항만으로도 내신평가가 가능하도록 근거 마련('24. 학교생활기록 작성 및 관리지침 개정)

○ (절대평가 안착 지원) 개인별 성취수준에 따른 공정한 평가와 학생 맞춤 교육을 위해 절대평가를 지속 내실화

- 교육과정 과목별 구체적인 성취수준 도달 정도를 표준화한 국가수준 평가기준 개발·보급(~'24.上)

- 국가·시도 평가관리센터 중심으로 전체 고교의 평가현황 점검 및 평가 역량 강화를 위한 자료 개발·보급('24.上~)

- 교과별 수업 및 평가 운영계획·방법 등 정보공시 상세화*

* (현행) 교과별 최소한의 평가계획 제공 → (개선) 교과별 교수학습 및 평가계획·방법 등 상세 정보에 대해 공시

(~'23.12. 교육기관정보공개법 시행령 개정 및 표준서식 개발)

○ (全교사 역량강화) 모든 고교 교사의 혁신적 평가 역량 확보
('24.~'25.)

- 집중적으로 양성된 수업·평가 전문성이 높은 핵심·선도교
원(3,000여 명)이 1인 1고교 전담으로 평가 역량 강화 연수
진행

- 교사 연구대회·학습공동체 등 현장의 자율적인 연구·협력
을 바탕으로 한 평가 방식 고도화 촉진*

* 수업혁신사례 연구대회 활성화, 에듀테크·수업평가 연구
회 등 지원(~'27. 840개)

〈 예상되는 기대 효과 〉

◈ 통합형 수능 도입과 함께 이권 카르텔을 근절하고, 고교 교실을 황폐화시키는 내신 9등급제를 폐지하면, 어떠한 변화가 나타나는가?

□ 학생·학부모 "믿을 수 있는 대입·내신평가와 의미 있는 고교 생활"

※ 학부모 사전 설문조사 결과, 내신 절대평가·상대평가 88.6% 동의, 5등급제 76.6% 동의, 수능 통합형 과목체계 73.0% 동의 등 시안 내용에 대해 긍정 기대(온라인 설문조사, '23.10)

○ '킬러문항' 배제로 공교육 내에서 준비할 수 있으면서, 사교육에 유착되지 않은 정정당당한 문제가 출제되는 건강한 수능

○ 고교 3년간 열심히 공부한 만큼 제대로 평가받고 학교에서 공부한 내용이 수능 융합평가로 연결 → 학교교육 중심의 공정한 평가

○ 고1 내신이 불만족스러워도 고2 3 때 만회·재도전 가능, 고1 과잉 내신전쟁 방지 → 9등급제로 인한 지나친 내신 사교육 경감

○ 친구들 사이의 과도한 경쟁부담 완화 → 미래 사회 역량인

협업능력·공동체의식 함양, 인성과 학업능력이 조화된 전인적 발달

□ **고교·교육청 "안정적인 고교학점제 운영으로 공교육 정상화"**
 ○ 내신과 수능에서 학교·과목 간 유·불리 완화 → 점수 받기 유리한 학교·과목으로의 쏠림 해소, 안정적인 학교 운영
 ○ 고1~3 일관된 평가로 학생들의 고1 이후 대거 학업중단(자퇴) 또는 수능 집중 현상을 방지해 면학분위기 유지, 공교육 정상화

□ **대학 "융합형으로 학습한 미래 인재를 내실 있게 선발"**
 ○ 수시 정시 비율을 안정적으로 유지하며 학생부교과전형 등 현행 대입전형 구조가 큰 변화 없이 유지 → 대학 혼란 최소화
 ○ 다양한 내신정보(절대 상대등급) 제공 → 대학의 평가 자율성 확대
 ○ 고교 내신평가에서 대학 공부에 적합한 논·서술형평가 확대 → 역량을 갖춘 학생들이 대학 진학, 원활히 적응

Ⅳ. 향후 로드맵

□ 대학 혁신 등을 반영한 대입 개선의 단계적 모색

ㅇ 대학혁신의 흐름*에 맞춘 대입 개선 논의를 위해 대학이 주
도하는 (가칭)대입전형 운영 협의회 운영('24.上~)

  * 대학의 벽 허물기(학생 중심의 전공체계), 지역 혁신 인재 양
  성, 글로벌 유학생 유치 등

 - 정부는 협의회가 제안하는 제도개선 과제를 적극 검토하고 지원

ㅇ AI를 통한 공공 차원의 대입정보 제공 및 맞춤형 컨설팅,
디지털 기반 원서접수 개선, 수능학습 지원 등 다양한 과제
도 발굴('24.上~)

□ 국가교육위원회 중심의 미래형 대입 제도 구상·논의

ㅇ 국가교육위원회의 국가교육발전계획(2026~2035) 수립* 시
(~'25.3), 대학 입시 제도 등 중장기 발전방향 포함

  * 일정(안) : 미래세대 가치·키워드 발굴, 교육비전 및 방향
  설정(~'24.3) → 국가교육발전계획 시안(초안) 수립(~'24.9)
  → 의견수렴을 거쳐 방안 수립(~'25.3)

ㅇ 교사의 평가 역량을 강화하고, 논·서술형 내신평가의 혁신
이 대입과 효과적으로 연계되는 선진적 대입기반 구축 지원

  ※ 시도교육감협의회 등 관계기관에서 제안하는 대입 관련
  이슈를 면밀히 검토

2부

대입 제도를 알면
입시가 보인다

1장

대입 제도,
왜 알아야 할까?

대학입학전형제도의 의미

대학입학전형제도는 각 대학에서 추구하는 교육 이념과 철학에 맞게, 그리고 전공별로 추구하는 가치를 반영하여 적격자를 선발하는 제도입니다. 대학입학전형제도는 단순히 대학에 입학하는 방법에 관한 것만은 아닙니다. 학생들의 중등 교육 경험을 어떻게 평가하는지, 그 경험을 바탕으로 대학과의 새로운 시작을 어떻게 만들어 나가는지에 관한 내용입니다. 학생들이 고등학교를 졸업하면 그동안의 노력과 학습은 대학입학전형제도를 통해 종합적으로 평가됩니다. 이 평가는 아이들의 지식뿐만 아니라 그들의 노력, 인성, 그리고 다양한 경험을 모두 고려합니다.

대학입학전형제도는 중등 교육을 마무리하는 동시에 대학에서의 새로운 시작을 위한 토대가 됩니다. 대학은 다양한 전공과 연구 분야에서의 전문성을 갖추기 위한 공간입니다. 미래 인재의 전문성을 갖추기 위한 첫걸음이 바로 대학입학전형제도를 통한 입학의 과정입니다. 대학입학전형제도는 학생들이 지닌 능력과 잠재력을 평가하여, 최적의 환경에서 더 나은 미래를 준비할 수 있도록 도와주는 중요한 역할을 합니다. 마치 책의 마지막 장을 끝내고 새로운 책의 첫 장을 펼치는 것과 같습니다. 대학입학전형제도는 아이들의 지난 여정을 인정하면서, 그들이 펼쳐갈 새로운 여정을 시작하도록 도와주는 관문이라고 할 수 있습니다.

　　대학입학전형제도는 학생의 고등 교육 진학을 위한 중요한 기준을 정하는 제도입니다. 이는 크게 학생부, 국가시험인 수능, 그리고 각 대학의 선발 제도로 구성됩니다. 각각의 부분은 학생의 능력과 열정, 그리고 포부를 평가하는 기준으로 활용됩니다. 이러한 대학입학전형제도의 개편은 '경기의 규칙을 변경'하는 정책을 의미합니다. 사회와 교육 환경의 변화, 그리고 학생들의 다양한 능력을 고려하기 위해 이러한 개편이 필요합니다. 하지만 대학입학전형제도의 변경은 매우 민감한 문제입니다. 왜냐하면 그 변화로 인해 이익을 보는 집단과 반대로 손해를 보는 집단이 생길 수 있기 때문입니다. 따라서 제도 변경에는 매우 신중한 접근이 필요하며, 모든 이해관계자의 목소리를 듣는 과정을 거쳐야 합니다.

대입 제도가 추구해야 하는 가치

대학입학전형제도는 우리나라의 교육 제도에서 가장 중요한 위치를 차지하고 있습니다. 교육 제도를 설계하고 운영함에 있어 다양한 가치가 고려되어야 하는데 특히 대입전형의 경우 가치 간의 갈등이 발생할 수 있습니다. 따라서 가치 사이의 균형과 우선순위 설정이 중요합니다.

첫째, '교육 기회의 균등'의 가치를 추구해야 합니다. 교육은 단순히 지식을 전달하는 것만이 아니라 우리 아이들에게 미래를 준비하고, 꿈을 펼쳐 나가는 기회를 제공합니다. 이러한 기회는 모든 아이에게 균등하게 주어져야 한다는 것이 바로 우리 사회의 중요한 가치입니다. 교육 기회의 균등이라는 가치는 모든 국민이 능력에 따라 균등하게 교육받을 권리를 보장한다는 원칙을 바탕으로 합니다. 대한민국 헌법 제31조

제1항에도 명시되어 있듯이, 이 원칙은 우리 사회의 기본적인 규범 중 하나입니다.

교육 기회의 균등은 모든 학생들에게 동등한 기회를 제공함으로써 사회적 통합을 이룰 수 있게 합니다. 이는 사회 내에서의 분열과 갈등을 줄이고, 모든 국민이 하나로 뭉치는 기반을 만들어 줍니다. 능력과 잠재력은 특정한 환경이나 배경에 국한되어 있지 않습니다. 교육 기회의 균등을 통해 더 많은 잠재력 있는 인재들을 발굴할 수 있게 됩니다. 교육 기회의 균등은 사회의 정의와 공정성을 실현하는 것입니다. 모든 아이들이 동등한 시작 선에서 경쟁하는 것은 그 자체로 공정한 사회를 만들어 갈 원동력이 됩니다. 교육은 미래의 성장을 위한 토대입니다. 교육 기회의 균등은 모든 아이들에게 미래를 준비하는 기회를 제공함으로써, 우리 사회 전체의 성장과 발전을 위한 기반을 마련해 줍니다.

둘째, 대학입학전형은 평가의 과정에서 공정성을 인정받아야 합니다. 공정한 평가 과정은 학생들에게 자신의 진정한 능력과 열정을 보여 줄 기회를 제공합니다. 특정한 배경이나 환경에 영향을 받지 않는 평가를 통해 학생들은 자신의 실력만으로 경쟁할 수 있습니다. 부정 행위나 불공정한 요소가 배제된 대학입학전형제도는 학부모님, 학생, 그리고 사회 전체의 신뢰를 얻을 수 있게 됩니다. 평가 과정의 공정성은 사회의 정의를 실현하는 것입니다. 모든 학생이 동등한 조건에서 평가받게 되면, 그것은 공정한 사회를 만들어 가는 중요한 한 걸음이 됩니다. 공정한 평가는 우리 사회의 미래를 준비하는 아이들에게 정직, 성실, 그리고 노력의 가치를 교육하는 기반을 제공합니다.

셋째, 대학입학전형은 사회적 형평성을 고려하여야 합니다. 사회적 형평성이란 모든 개인이 공평하게 기회를 얻을 수 있는 사회 구조를 의미합니다. 특히 교육 분야에서는 이러한 형평성이 중요한데, 그 이유는 교육이 개인의 미래를 결정하는 중요한 기반이기 때문입니다. 해외에서도 어퍼머티브 액션(Affirmative Action)이라는 제도를 통해 이러한 형평성을 추구하고 있습니다. 이는 소수 또는 경제적, 사회적 어려움을 겪고 있는 집단에게 공평한 교육 기회를 제공하기 위한 제도입니다. 국내에서는 '사회통합전형'이라는 명칭으로 사회적 형평성을 반영하고자 노력하고 있습니다. 사회통합전형은 차별 없는 고등 교육 기회 제공을 위하여, 차등적 교육적 보상이 필요한 사람을 우선적으로 선발하는 전형입니다.

사회적 형평성을 반영하는 것은 단순히 학생 개개인을 위한 것만이 아닙니다. 이는 사회 전체의 조화와 발전을 위한 필수적 가치입니다. 모든 학생이 공평한 기회를 가질 때 그들의 잠재력과 열정이 최대한 발휘되며, 이를 통해 우리 사회는 더욱 건강하고 밝은 미래를 맞이할 수 있습니다.

넷째, 국가 수준에서 우수한 인재를 육성하는 것과 함께 대학의 인재 선발 자율성을 보장해야 합니다. 빠르게 변화하는 현대 사회에서 우리 아이들이 미래에 성공적으로 활약하기 위해서는 과거의 전통적인 인재상만을 기반으로 한 교육이 아닌, 미래 사회의 요구에 부응하는 다양한 역량을 갖춘 인재로 성장하는 것이 중요합니다. 즉 국가 수준에서 우수한 인재로 성장할 수 있도록 대학입학전형제도가 설계되어야 합니다.

그리고 대학마다 가지고 있는 교육 철학, 전문 분야, 그리고 추구하는 인재상은 다릅니다. 따라서 대학은 그들만의 독특한 인재상에 부합하는 학생들을 선발하게 되며, 이를 통해 각 대학의 특색과 장점을 최대한 발휘할 수 있습니다. 대학의 인재 선발 과정에서의 자율성은 다양한 인재들이 고등 교육의 혜택을 누릴 수 있게 하며, 대학 자체도 더욱 풍부한 교육적 경험을 제공할 수 있게 됩니다. 이러한 자율성은 대학의 창의성과 혁신을 촉진시키는 핵심 요소입니다.

다섯째, 대학입학전형제도는 초·중등 교육, 특히 고등학교교육의 혁신에 기여하는 가치를 담아야 합니다. 우리나라의 교육 체계 내에서 대학입학전형제도는 매우 큰 영향력을 갖고 있습니다. 특히 고등학교교육은 이러한 제도의 변화에 민감하게 반응합니다. 대학입학을 위한 다양한 전형의 기준과 방식은 고등학교교육의 교과목 선택, 학습 방향, 그리고 교육 환경을 형성하는 데 중요한 역할을 합니다.

교육의 본래 목적은 학문적 지식뿐만 아니라 인성 교육,

사회성 배양, 창의력과 문제 해결 능력 키우기 등 다방면의 인재 육성에 있습니다. 대학입학전형제도가 이러한 교육의 본래 목적을 회복하고 강조하도록 설계되어야 합니다. 그렇게 함으로써 학생들은 시험 지향적인 학습에서 벗어나 진정한 학문의 즐거움과 성장의 가치를 느낄 수 있게 됩니다. 대학입학전형제도의 변화와 발전은 초·중등 교육의 질을 높이는 데에도 중요한 역할을 합니다. 학생들에게 다양한 학습 경험과 선택의 기회를 제공함으로써, 그들은 자신만의 꿈과 열정을 찾아 나갈 수 있게 됩니다.

여섯째, 대학입학전형제도가 수험생과 학부모에게 너무 큰 준비 부담을 주어서는 안 됩니다. 대학입학전형제도는 고등학교의 교육과정 범위 내에서 출제되는 것을 원칙으로 해야 합니다. 학교교육을 성실하게 이수한 학생들이 원하는 진로와 진학의 꿈을 이룰 수 있어야 합니다. 전형의 간소화와 표준화는 이러한 혼란을 줄이며, 학생들이 명확하고 분명한 목표를 가지고 준비할 수 있게 돕습니다.

최근 문제가 제기되었던 초고난도 문항의 출제는 학교의 교육과정을 벗어나는 경우가 있어서 사교육에 대한 의존도를 높이게 됩니다. 이는 수험생뿐만 아니라 학부모에게도 큰 경제적 부담입니다. 또한 학교 교육과정을 벗어난 지식을 요구하는 것은 교육의 공정성을 저해합니다. 고등학교의 교육과정은 학생들이 대학에 입학하기 위한 기본 지식과 능력을 갖추도록 설계되어 있습니다. 그러므로 대학입학전형제도는 교육과정 내에서의 평가를 통해 학생들의 기본 능력과 열정, 노력을 존중해야 합니다.

일곱째, 대학입학전형제도는 안정성과 예측 가능성을 유지하여 제도적 신뢰를 구축해야 합니다. 대학입학전형제도는 수많은 학생들의 미래와 꿈, 그리고 학부모님의 기대와 희망을 담고 있는 중요한 제도입니다. 그렇기에 대학입학전형제도는 안정적으로 운영되어야 합니다. 불확실한 변화에 따른 혼란은 학생들의 준비 과정을 방해하고, 학부모님도 불안을 느끼게 됩니다. 안정적인 대입 준비를 위해서는 제도에 대한 명확한 정보 제공이 필요합니다.

수험생과 학부모는 제때 제공받는 정확한 정보를 통해 대입 계획을 세우고 준비를 진행할 수 있습니다. 제도적 신뢰는 대학입학전형제도의 안정적 운영의 핵심 요소입니다. 신뢰를 형성하기 위해서는 변동이 최소화되고, 일관성 있게 운영되어야 합니다. '4년 예고제'는 수험생과 학부모, 그리고 학교가 충분한 시간을 가지고 변화에 대응하며 준비할 수 있도록 제도화한 것입니다.

2장

대입 제도,
꼼꼼히 살펴보고 파악하라

대입의 전형 요소

대학입학전형이라는 제도의 체계를 이해하기 위해서는 각각의 요인들에 대해 알아야 합니다. 우리나라 대학입학전형제도는 '전형 요소, 전형 방법, 전형 시기, 전형 비율' 등의 조합으로 구성되어 있습니다.

우선 전형 요소를 살펴보겠습니다. 대입 과정에서 고려되는 여러 전형 요소들이 있습니다. 학교생활기록부, 자기소개서, 교사추천서, 수능점수, 면접, 실기점수 등입니다. 이런 다양한 요소들은 각 학생의 능력과 잠재력, 전공 적합성을 평가하기 위한 중요한 기준이 됩니다. 그러나 대학입학전형이 점차 복잡해짐에 따라, 정보의 접근성이나 학생과 학부모의 관심 정도가 대입 과정에 큰 영향을 미치게 되었습니다. 학교별 특성에 따라 전형 요소를 선택하게 되는데, 결과적으로 학생

(고교) 학교생활기록부	(국가) 대학수학능력시험
◦ 내신평가 -지필·수행평가 비율 -성적표기(상대/절대) ◦ 학교생활기록부 -대입반영 기재 항목 예) 교과/비교과활동	◦ 시험 영역 및 과목 ◦ 시험 문항 형태 -객관식/서논술형 ◦ 성적표기 -표준점수, 원점수, 등급제 -상대평가/절대평가 ◦ 출제·채점 체제 등

대학입학의 전형 요소

별 맞춤형 대학 입시 정보가 매우 중요하게 됩니다. 이는 대입의 공정성을 저해하는 결과를 가져올 수 있습니다. 이에 따라, 2022년의 대입 제도 개편안과 공정성 강화를 위한 전형 요소의 간소화가 추진되어 왔습니다. 자기소개서와 교사추천서가 폐지되었으며, 논술 위주의 전형은 축소되었습니다.

전형 요소는 대학에도 중요한 의미를 갖습니다. 대학의 특성과 대입전형의 요소 간에는 상관관계가 있습니다. 많은 학생이 선호하는 대학은 전형 요소를 늘릴 수 있지만, 학생 수가 줄어드는 대학은 이를 늘리는 것이 부담스러울 수 있기 때문입니다.

대입의 전형 방법

대학입학전형은 정원 내와 정원 외 전형으로 구분되고 정원 내 전형은 다시 일반전형과 특별전형으로 구분됩니다. 정원 외에는 특별전형만 존재합니다.

정원 내 일반전형은 고등학교 졸업(예정)자 또는 법령에 의하여 고등학교 졸업 학력과 동등 이상의 학력(예를 들어 검정고시)을 지닌 수험생이 지원할 수 있는 전형으로 대학수학능력시험, 학교생활기록부, 논술, 면접 등을 활용하여 선발하는 전형을 의미합니다.

정원 내 특별전형은 특별한 경력이나 소질 등 대학이 제시하는 기준 또는 차등적인 교육적 보상 기준에 의한 전형이 필요한 자를 대상으로 학생을 선발하는 전형입니다. 대학별 독자적 기준에 의한 특별전형으로는 대학이 정한 기준에 따라 선발하는 "학교장 추천자, 교과성적 우수자" 등 다양한 전형이

전형구분			설명
정원 내	일반전형	일반전형	일반 학생을 대상으로 보편적인 교육적 기준에 따라 학생을 선발하는 전형
	특별전형	특기자 특별전형	특기와 관련된 경기(대회) 참여 경력, 입(수)상실적, 자격(증), 성적 등을 지원자격으로 요구하거나 전형 요소로 활용하는 전형을 의미함
		대학별 독자적기준에 의한 특별전형	대학 자체적으로 정한 지원 자격에 의하여 학생을 선발하는 전형
정원 외	특별전형	농어촌학생 특별전형	재학 기간, 주거지, 학교 소재지가 농어촌에 해당하는 학생을 대상으로 모집하여 선발하는 전형
		특성화고교 졸업자 특별전형	특성화고등학교 졸업(예정)자를 대상으로 선발하는 전형
		특성화고 등을 졸업한 재직자 특별전형	특성화고등학교 등 졸업자로 산업체 근무 경력이 3년 이상인 재직자를 대상으로 선발하는 전형
		기초생활수급자, 차상위계층, 한부모가족 지원대상자 특별전형	'국민기초생활보장법'에 의한 대상자, '한부모가족지원법' 지원대상자를 대상으로 선발하는 전형
		장애인 등 대상자 특별전형	각종 장애 또는 지체로 인하여 특별한 교육적 요구가 있는 자로서 대학의 장이 구체적인 대상을 선정하고 선발하는 전형
		재외국민과 외국인 특별전형	외국 거주로 인한 학교급별 수학결손 정도(외국학교 재학기간) 등을 고려하여 자격기준을 결정하고 선발하는 전형
		산업체 위탁 교육생 선발	산업체와의 계약에 의해 산업체에서 근무중인 자의 교육을 위탁받아 선발하는 전형
		서해5도 특별전형	'서해5도 지원 특별법' 제15조 및 '서해5도 지원 특별법 시행령' 제11조에 해당하는 자를 선발하는 전형 서해5도에 거주하고 해당 교육과정을 이수한 학생

대학입학전형의 분류

출처 : 한국대학교육협의회 대입정보포털어디가 홈페이지(https://adiga.kr/)

있습니다.

　정원 외 특별전형은 고등 교육을 받을 기회를 균등하게 제공하기 위해 소득·지역 등의 차이를 고려하여 선발할 필요가 있는 경우, 〈고등 교육법 시행령〉 제29조 및 개별 특별법에 따라 대학에서 자율적으로 실시하는 전형입니다. 농어촌학생 특별전형, 특성화고교 졸업자 특별전형, 특성화고 등을 졸업한 재직자 특별전형, 기초생활수급자, 차상위계층, 한부모가족 지원 대상자 특별전형, 장애인 등 대상자 특별전형, 재외국민과 외국인 특별전형, 서해5도 특별전형 등이 있습니다.

전형 시기

대학 입시는 대학 신입생 모집 시기에 따라 수시와 정시로 구분하는데, 법적으로는 고등 교육법 시행령 제41조에서 규정하고 있습니다. 수시모집은 기본 계획에서 정한 모집 기간 내에서 대학이 자율적으로 설정한 기간에 모집하는 것입니다. 정시모집은 대학(교육대학 포함)이 기본 계획에서 정한 3개의 모집 기간군(가군, 나군, 다군) 중 선택한 전형으로 학생을 모집하는 것입니다. 정시모집 이후 정원을 다 채우지 못하면 추가모집을 합니다.

[교육부 대입 정책 발표]
대입전형의 기본방향 확인 (중3 ▶ 2월 말)

[대교협 대입전형기본사항 발표]
대입전형의 기본사항 확인 (고1 ▶ 8월 말)

- 대학이 대학입학전형 시행계획을 세우고 모집요강을 작성하기 위한 바탕자료]
- 내용 : 대학입학전형 원칙, 준수사항, 전형별 기본사항, 전형요소 등

[대학별 대입전형시행계획 발표]
대입전형의 세부사항 확인 (고2 ▶ 4월 말)

- 대학이 대학입학전형의 주요사항을 미리 요약하여 공표하는 자료
- 내용 : 모집단위(계열)별 모집인원, 지원자격, 수능 필수 응시 영역, 전형요소 및 반영 비율, 학생부의 반영교과, 수능 영역별 반영 비율 및 가산점 등

대학별 수시모집 요강 확인 (고3 ▶ 5월)

수시모집 기간 (고3 9월~12월)

- 원서 접수 (9월)
- 합격자 발표 확인 및 등록 (9월~12월)
- 총원 합격자 발표 확인 및 등록 (12월)

※ 수시모집 합격 시 '정시 및 추가모집' 지원불가

대학수학 능력시험 (고3 ▶ 11월)

대학별 정시모집 요강 확인 (고3 ▶ 9월)

정시모집 기간 (고3 12월~다음해 2월)

- 원서접수 (12월)
- 합격자 발표 확인 및 등록 (다음해 1월)
- 총원 합격자 발표 확인 및 등록 (다음해 2월)

※ 정시모집에 합격하여 등록 시 '추가모집' 지원 불가

대학별 추가모집 요강 확인
(고3 ▶ 다음해 2월 중순)

추가모집 기간 (고3 다음해 2월 중순~말)

- 원서접수
- 합격자 발표 확인 및 등록

대학입학전형의 주요 일정
출처 : 대입정보포털어디가(https://adiga.kr/)

전형 비율

수시전형은 미국 대학의 신입생 조기선발제도(Early Admission)에서 유래한 것으로, 11월 수학능력시험을 치르기 전에 학생을 선발하는 전형입니다. 9월 초에 원서 접수를 받고 9월부터 12월까지 학생에 대한 평가가 이루어지기 때문에 고등학교 평가가 반영된 학교생활기록부(학생부) 성적과 기재사항이 주요 평가 항목이라고 할 수 있습니다. 수시전형은 학생부 교과전형, 학생부 종합전형, 논술 위주 전형, 실기 위주 전형 등으로 구분됩니다.

학생부 교과전형은 학생부에 기재되어 있는 고등학교의 내신 성적을 중심으로 정량평가를 하는 전형이며, 학생부 종합전형은 고등학교의 내신 성적 이외에도 학생부에 기재되어 대학에 제공되는 내용에 대해 평가가 가능한 전형입니다. 두 전

학년도	수시모집	정시모집	합계
2024 대입	272,032(79.0%)	72.264(21.0%)	344,296
2023 대입	272,442(78.0%)	76,682(22.0%)	349,124
2022 대입	262,378(75.7%)	84,175(24.3%)	346,553

대학입학전형별 모집 인원 비교

형을 합쳐서 학생부 위주 전형이라고 표현하기도 합니다. 학교에 따라 전형별로 면접이 이루어지기도 합니다. 논술 위주 전형과 실기 위주 전형은 논술시험과 실기시험을 통해 평가하는 전형입니다. 수시전형 중에서 일부는 수능 점수의 최저 기준을

권역	수시모집 (정원 외 포함)	정시모집 (정원 외 포함)	합계
수도권	85,256(64.6%)	47,051(35.6%)	132,307
비수도권	186,776(88.1%)	25,213(11.9%)	211,989
합계	272,032(79.0%)	72,264(21.0%)	344,296

2024 수도권, 비수도권 모집 인원 비교

넘겨야 하는 경우도 있어 대학별 전형의 기준을 꼼꼼하게 살펴봐야 합니다.

　정시전형은 11월에 시행되는 수학능력시험의 성적으로 신입생을 선발하는 전형입니다. 정시전형은 11월 수능을 마치고 12월 말에서 1월 초에 원서를 접수하며 2월 중에 합격자

전형 유형	권역	2024		2023		증감	
		모집인원(명)	비율(%)	모집인원(명)	비율(%)	모집인원(명)	비율(%p)
학생부 위주 (교과)	수도권	27,134	31.8	27,670	32.5	-536	-0.7
	비수도권	126,987	68.0	126,794	67.7	193	0.3
학생부 위주 (종합)	수도권	38,267	44.9	38,787	45.5	-520	-0.6
	비수도권	41,091	22.0	42,603	22.8	-1,512	-0.8
논술	수도권	9,473	11.1	9,133	10.7	340	0.4
	비수도권	1,741	0.9	1,883	1.0	-142	-0.1

2023~2024 대입 수시전형별, 지역별 인원 및 비율 비교

를 발표합니다. 수시전형에서는 학생부에 기재된 기록에 대한 부담이 큰 반면 수능 위주의 정시전형에서는 상대적으로 수능 시험 결과만으로 평가받을 수 있어 역전의 기회를 얻을 수 있다는 특징이 있습니다.

2024학년도 대학입학전형 시행 계획의 주요 내용 중에서 전체 모집 인원의 변화에 대해 살펴보겠습니다. 전체 모집 인원은 2024 대입에서 344,296명으로, 2023 대입 때보다 4,828명이 감소하였습니다. 수시모집의 경우 전체 모집 인원 중 79%인 272,032명을 선발하는 방향으로 진행될 예정이며, 이는 전년 대비 410명이 감소한 수치입니다. 그러나 비율로 보면 1.0% 증가한 것을 확인할 수 있습니다. 반면에 정시모집 인원은 전년 대비 4,418명 감소하였고, 이는 1.0% 감소한 비율입니다.

지역별로 보았을 때, 비수도권은 수시 선발 비중이 매우 높은 편입니다. 특히 88.1%는 수시에서 선발되고 있습니다. 이와 대조적으로, 수도권에서는 서울 소재의 주요 15개 대학을 중심으로 정시모집 비율이 소폭 확대되고 있습니다.

　　수시모집 전형 내에서도 지역별 차이가 뚜렷합니다. 비수도권에서는 학생부 교과전형이 주를 이루며, 수도권에서는 학생부 종합전형과 논술전형이 큰 비중을 차지하고 있습니다. 특히 수도권 대학의 정시 평균 모집 인원 비율은 2023학년도 대입 35.3%에서 2024학년도 대입 35.6%로 0.3% 상승했고, 이는 비수도권 11.9%보다 약 3배 높은 수준입니다.

3장

대입 제도,
변화 과정에 해결법이 있다

대학별 고사 시기(1945~1968)

대한민국 정부 수립 이후 한국의 대입 제도는 정권 교체 및 교육과정의 변천과 맞물려 현재까지 수십 차례 이상의 잦은 변화를 겪어 왔습니다. 해방 이후 대학별 단독시험제가 9년간 지속된 경우를 제외하고는 단일 제도가 5년 이상 지속된 경우가 거의 없다고 할 수 있습니다.

해방 이후 1968년까지 우리나라에서 시행한 대학입학전형은 대학별로 신입생을 선발하는 방식이었습니다. 1945년부터 1953년까지는 대학별 단독시험제가 시행되었습니다. 정부는 시험기일과 일부 시험과목을 결정하였으나, 출제와 학생 선발은 대학의 자율성에 맡겨졌습니다.

1954년부터는 대학입학 국가연합고사 및 대학별 고사를 병행하였습니다. 연합고사를 도입하여, 그 결과에 따라 대학별

1945~1953	• 대학별 단독시험제 -(정부) 시험기일, 시험과목 일부 결정 / (출제·선발) 대학 자율
1954	• 대학입학 국가연합고사 및 대학별 고사 -연합고사를 거쳐 대입정원의 1.3배수까지 대학별 고사 응시자격 부여 -커닝 등 공정성 논란으로 폐지
1955~1961	• 대학별 단독시험제

1962	• 대학입학자격 국가고사제
	-국가고사 성적＋대학별고사＋면접 등 총점으로 합격 결정
	-국가고사 탈락으로 인한 대량 미달사태 발생, 일률적
	  시험으로 대학 자율성 저해 비판으로 도입 1년만에 제도
	  변경

1963	• 대학입학자격 국가고사제 -국가고사(통과 시 입학자격 부여) → 대학별고사 실시 -자격고사가 학생에게 이중 부담, 고등학교가 자격고사 준비기관으로 전락, 대학자율성 무시 등 비판으로 폐지
1964~1968	• 대학별 단독시험제

1945~1968년 대학별 고사 변천

고사 응시 자격을 부여하였습니다. 그러나 이 제도는 커닝 등의 문제로 공정성에 대한 논란이 있었고, 결국 폐지되었습니다. 1954년 한 해에만 적용된 방법입니다. 연합고사가 폐지된 후 1955년부터 1961년까지는 다시 대학별 단독시험제로 돌아갔습니다.

1962년에 대학입학자격 국가고사제를 도입했습니다. 국가고사의 성적을 기반으로 대학별 고사와 면접을 통해 합격 여부를 결정했습니다. 그러나 이 제도는 국가고사 탈락으로 인한 대량의 미달 사태와 대학의 자율성 저해 문제로 비판을 받아 도입 1년 만에 제도가 다시 변경되었습니다. 1963년에는 대학입학자격 국가고사를 통과한 학생에게만 대학입학 자격을 부여하는 방식으로 변경되었습니다. 하지만 이 제도 또한 학생에게 이중 부담을 주었고, 대학의 자율성을 무시하는 문제점이 있어 비판을 받았습니다. 그래서 1964년부터 다시 대학별 단독시험제로 전환되어 1968년까지 시행되었습니다.

예비고사 시행기(1969~1980) 및 졸업정원제 시행기(1981)

1969년에는 두 단계로 이루어진 "예비고사"와 "본고사"의 시스템을 도입하였습니다. 1972년까지는 예비고사를 통과한 학생만이 대학별 고사에 응시할 수 있었습니다. 이러한 제도는 대학별로 신입생을 선발하는 과정에서 효율성을 높이기 위한 방법이었습니다. 1973년부터 1980년까지는 예비고사의 성적과 대학별 고사의 성적을 합산하여 합격 여부를 결정했습니다. 그러나 이 중 일부 대학은 예비고사만으로 학생을 선발하거나, 고등학교의 내신 성적을 반영하여 합격자를 선정하기도 하였습니다.

1969~1980	• 대학입학예비고사와 대학별 본고사제 - (~72) 예비고사 → 대학별 고사 실시 - (~80) 예비고사 + 대학별고사 총점으로 합격 결정, 일부 대학은 예비고사만으로 선발 또는 고교 내신 반영

1980년, 교육 개혁심의회에서 '7·30 교육 개혁'을 발표하면서 사교육을 경감하고 재수생을 줄이기 위해 졸업정원제를 도입하였습니다. 이와 함께 1981학년도 대학입학전형제도를 개편하였는데 그 핵심은 대학 본고사를 폐지하는 것입니다. 이전에는 대학입학예비고사와 대학별 본고사의 두 단계로 이루어진 제도였다면, 1981학년도 입학전형에서는 대학별 본고사가 폐지되었습니다. 이로 인해 대학입학전형은 고등학교의 내신 성적과 예비고사의 성적만을 기반으로 학생을 선발하게 되었습니다.

1981	• 본고사 폐지, 과외금지, 내신 성적과 예비고사로 선발 • 졸업정원제로 대학입학정원 증대, 대량 미달 사태 발생

공교육의 질 향상과 공정한 대학입학 기회를 제공하기 위한 노력의 일환으로, 정부는 1980년 7월 30일 과외를 금지했습니다. 이 조치는 공부의 평준화와 학생들 간의 기회 균등을 추구했습니다. 이후 1981학년도 대학입학전형에는 졸업정원제도가 도입되어 대학입학 정원이 크게 증대되었습니다. 그러나 이로 인해 예상치 못한 대량의 미달 사태가 발생했고, 결과적으로 1년 시행 후에 다시 개편되는 결과를 초래하였습니다.

학력고사 시행기(1982~1993)

1982년부터 대학입학 학력고사와 고교 내신제가 도입되었습니다. 대학입학 학력고사는 대입 예비고사에서 개편되어 도입되었으며, 학생들의 학력을 평가하는 주요 방식이 되었습니다. 학력고사 성적은 최종 선발 점수의 50% 이상을 차지했고, 고등학교의 내신 성적은 30% 이상 반영됐습니다. 이때 학력고사 점수를 기반으로 한 대학의 서열화, 고등학교 간 내신의 형평성 문제, 그리고 객관식 문제로 인한 학생들의 창의력 저하 및 대학의 입시 자율성 저해 등의 비판이 제기됐습니다.

1986년부터 대학입학 학력고사와 고교 내신제에 추가로 논술고사가 도입되었습니다. 학생들의 창의력과 사고력을 높이기 위해 논술고사가 신설되었는데, 이 논술고사는 최종 점수의 10% 이내로 반영되어 학생들의 사고력과 의사 표현 능

1982~1985	• 대학입학학력고사, 고교 내신제 -학력고사 50% 이상, 내신 30% 이상으로 선발 -학력고사 점수로 대학 서열화, 고교 간 내신 형평성, 객관식 문제로 인한 창의력 저하 및 대학 자율성 저해 비판
1986~1993	• 대학입학학력고사, 고교 내신제 및 논술고사 -학생들의 사고력 제고를 위해 논술고사 신설 (10% 이내 반영) -눈치작전 예방을 위해 선지원 후시험으로 변경

1982~1993년 대학별 고사 변천

력을 평가했습니다. 그러나 또 원서 접수 과정에서 대학별 경쟁률을 보면서 최종 학교와 학과를 선택하는 '눈치작전'이 사회적으로 문제로 제기되었습니다. '눈치작전' 현상을 예방하기 위해 지원과 시험의 순서가 바뀌어, 먼저 학교와 학과를 선택하여 지원한 후에 시험을 치르는 '선(先)지원 후(後)시험 제도'가 도입되었습니다.

수능시험 도입기(1994~2007)

1993학년도까지 시행되었던 대학입학학력고사가 지식 중심, 암기 중심 교육과 사교육을 유발한다는 비판을 받으며 1994학년도부터 대학수학능력시험, 줄여서 '수능'이라 불리는 평가 제도가 도입되었습니다. 대학들은 수능 성적, 고등학교 내신 성적 및 대학별로 진행하는 고사(논술, 면접, 실기)를 통해 학생을 선발했고, 이때 대학들은 자율적으로 대입전형 요소의 반영 비율 및 방법을 결정할 수 있었습니다. 하지만 수능, 내신, 대학 본고사 등 세 가지 전형 요소로 균형을 맞춘 방식이 오히려 학생들의 사교육 부담을 늘린다는 문제가 제기되었습니다.

1997학년도부터는 사교육비 부담을 줄이고 공교육을 내실화하는 방향으로 대학별 본고사가 금지되고 고교 내신을 반

1994~1996	• 대학수학능력시험, 고교 내신, 대학별 고사 -대학별로 대입전형 요소 반영 비율, 방법 자율 결정
1997~2001	• 대학수학능력시험, 학교생활기록부, 대학별 고사 -본고사 금지, 학교생활기록부 도입, 대학별 다양한 전형 실시
2002~2007	• 대학수학능력시험, 학교생활기록부, 대학별 고사 -선택형 수능 도입(2004~), 직업탐구 영역 신설

1994~2007년 대학별 고사 변천

영하게 되었습니다. 본고사에 대한 대안으로 논술고사는 허용되어 27개 대학이 시행했습니다. 이때 학교생활기록부(절대평가)가 대입전형의 하나로 도입되었는데, 국공립대학교는 40% 이상 의무적으로 반영하도록 했습니다. 이를 통해 대학들은 다양한 전형 방식을 도입하여 학생의 전반적인 학교 생활과 활동을 종합적으로 평가하게 되었습니다. 학생들의 다양한 능력과 잠재력을 평가하게 된 것입니다.

2002학년도 대입전형부터는 수능의 점수 표기 방식에 변화가 생겼습니다. 이전의 총점 및 소수점 표기 방식을 폐기하고, 영역별 점수와 등급제로 변경되었습니다. 또한 수시모집과 정시모집을 이원화하면서 학생들은 수시로 합격하면 정시모집에 지원할 수 없게 되었습니다. 학생들의 다양한 활동 기록과 주관식 평가, 수행평가가 학생부에 포함되기 시작했습니다. 이때부터 논술고사를 제외한 모는 대학의 지필고사가 금지되었습니다.

2004학년도부터 7차 교육과정 적용에 따라 학생들이 선택하는 수능 제도가 시작되었고, 기존의 계열 구분이 폐지되었습니다. 정부는 대학들에게 학생부의 내신 비중 확대를 강하게 요구하였습니다. 또한 대학들은 학생을 선발할 때 다양한 전형 방식을 활용하는 것을 권고 받았습니다. 이후 2005학년도에는 학생들의 직업에 대한 관심과 탐구를 독려하고, 미래의 직업 선택에 도움을 주기 위해 직업탐구 영역이 신설되었습니다.

입학사정관제 및
학생부 종합전형 도입기(2008~2020)

2008년에는 '학생부 중심 대입'의 본격화가 시작되었습니다. 이는 학생들의 학교 성적을 중요하게 보는 방향으로의 전환을 의미합니다. 학생부(내신)의 실질 반영률이 50% 이상으로 요구되었고, 수능의 변별력 약화에 따라 대학이 논술 반영 비중을 확대하기 시작했습니다. 이러한 변화는 '1점 차이에 의한 등급 구분'이라는 문제를 야기하였고, 학생들은 내신, 수능, 그리고 논술의 3중 부담을 겪게 되었습니다. 이를 '죽음의 트라이앵글'이라고 비유하기도 했습니다.

2009년에는 '입학사정관전형'이 확대되기 시작했습니다. 수능 등급제는 폐지되었고, 수능 성적표에는 표준점수, 백분위, 그리고 등급이 함께 표기되었습니다. 이러한 변화는 고등교육법의 개정을 통해 대입 업무가 대교협(한국대학교육협의회)

에 이관되면서 시작되었습니다.

2010년부터 2012년까지는 입학사정관제의 확대가 계속되었습니다. 2014학년도의 수능 제도 개선 방안이 제시되었고, 이에 따라 '3과목＋탐구 2과목' 형식의 수능이 도입되었습니다. 2011년에는 수능과 EBS의 연계 정책이 시작되었는데, 이는 수능의 비선택과목에 대한 학교 수업의 파행 운영 문제를 야기하였습니다.

2012년에는 수시모집의 확대, 특히 입학사정관제의 지속적인 확대가 이루어졌습니다. 수능의 탐구 영역 선택과목은 4과목에서 3과목으로 축소되었고, 이는 2007년의 개정 교육과정 적용을 통해 수리(가형·나형)의 출제과목이 조정되면서 발생하였습니다.

2013년에는 학생부 중심의 대입 제도가 확실히 정착한 시기였습니다. '대입전형 간소화 방안'이 발표되면서 수시는 학생부 종합, 학생부 교과, 논술, 실기 위주 4개 전형으로, 정시는 수능과 실기 위주 2개 전형으로 제한되었습니다.

2014년에도 수능시험에 큰 변화가 있었습니다. 영역 명칭이 국어, 수학, 영어로 변경되었으며, A/B형 수준별 시험도 도입되었습니다. 목적은 2009년 개정 교육과정에 따른 교과 중심 출제를 강화하는 것이었습니다.

2015년부터 2016년 기간에도 '대입전형 간소화 방안'이 적용되었고, 수능의 영어 수준별 시험인 A/B형이 폐지되었습

2008~2012	• 대학수학능력시험, 고교 내신, 대학별 고사
	-수시는 학생부교과전형, 학생부 종합전형, 논술전형,
	  실기전형(특기자전형 포함)
	-정시는 수능전형, 실기전형
	
	• 수능시험 변화
	-국·영·수 A/B형(2014), 영어 A/B형 폐지(2015), 국·수
	  A/B형 폐지 및 한국사(절대평가) 필수(2017), 영어
	  절대평가(2018)

2013~2019	• 대학수학능력시험, 고교 내신, 대학별 고사
	-수시는 학생부교과전형, 학생부 종합전형, 논술전형,
	  실기전형(특기자전형 포함)
	-정시는 수능전형, 실기전형
	
	• 수능시험 변화
	-국·영·수 A/B형(2014), 영어 A/B형 폐지(2015), 국·수
	  A/B형 폐지 및 한국사(절대평가) 필수(2017), 영어
	  절대평가(2018)

1994~2007년 대학별 고사 변천

니다.

2017년에는 국어와 수학의 수준별 A/B형이 폐지되었습니다. 그리고 한국사가 절대평가로 전환되며 응시가 필수화되었습니다. 이때부터 학생부 종합전형이 급격히 확대되었지만, 그로 인한 평가의 불공정성에 대한 문제점도 제기되기 시작했습니다.

2018년부터 2020년까지는 수능 영어 절대평가가 도입되었고, 주요 대학들을 중심으로 학생부 종합전형이 전면적으로 확대되었습니다. 결과적으로 영어의 변별력이 약화되면서 이 기간 동안 국어와 수학의 사교육이 심화되는 현상도 나타났습니다. 이를 풍선 효과라고도 합니다. 영어의 변별력 약화 문제로 인해 국어와 수학에서 고난도 문항이 출제되면서, 학교의 정상적인 교육과정에서 다루지 못한 문제들에 대응하기 위해 사교육에 의존하는 현상이 발생한 것입니다.

2022 대입 제도 개편과 대입 공정성 강화(2022~)

2022학년도 대입 개편은 2015 교육과정의 개정을 기반으로 진행되었습니다. 이에 따라 전형 구조가 개편되고, 수능 체제가 바뀌었으며, 학생부 종합전형의 공정성을 강화하게 되었습니다. 정시 수능 위주 전형 비율은 30% 이상으로 확대 권고되었습니다. 그리고 수능 최저학력 기준을 대학이 자율적으로 활용할 수 있게 되었습니다. 국어와 수학은 공통 및 선택 구조로 개편되었으며, 사회와 과학은 교차 선택이 가능하게 되었습니다. 제2외국어와 한문은 절대평가로 전환되었고, EBS 연계율은 70%에서 50%로 축소되었습니다.

학생부 종합전형의 공정성 문제가 제기되면서 정규 교육 과정을 중심으로 학생부에 기재되는 정보가 개선되었습니다. 부모 정보의 삭제, 수상 경력의 개수 제한 등이 이에 포함됩니

전형구조개편	• 정시 수능위주전형 비율 확대 권고(30%↑) • 수능 최저학력기준은 대학 자율로 활용
수능 체제 개편	• 국어·수학 공통＋선택 구조로 개편, 사회·과학 교차선택 가능 • 제2외국어/한문 절대평가 전환, EBS 연계율 축소(70%→50%)
학종전형 공정성 제고	• 정규 교육과정 중심으로 학생부 기재 개선(부모정보 삭제, 수상경력 개수 제한, 소논문 미기재 등)
대학 선발 투명성 제고	• 자기소개서 축소(5천자→31백자), 교사추천서 폐지 • 대학의 평가기준 공개, 입학사정관 회피·제척 • 대입 블라인드 면접 도입, 수시 적성고사 폐지 및 논술 단계적 폐지
정보격차 해소	• 전형명칭 표준화 등

2022 대입 제도 개편

다. 대학의 선발 투명성을 제고하기 위해 자기소개서의 길이가 축소되고, 교사추천서는 폐지되었습니다. 또한 대입 블라인드 면접이 도입되었고, 수시 적성고사와 논술은 단계적 폐지를 예고했습니다.

2019년 교육부는 대입 공정성 강화 방안을 발표했습니다. 대입 공정성 강화 방안의 중심에는 학생부 종합전형에 대한 불신 문제가 있었습니다. 사회적으로 이슈가 되었던 여러 사건으로 인해서 대입 공정성, 특히 학생부 종합전형의 공정성을 높이기 위한 대안을 마련한 것입니다. 고등학교에서 제출하는 전형자료의 공정성을 높이기 위해 정규 교육과정 외 활동은 대입에 반영하지 않게 되었습니다. 자기소개서는 2024학년도에 완전히 폐지하는 것으로 발표되었습니다. 대학에서의

(고교) 전형자료 공정성 강화	• 정규 교육과정 외 활동 대입반영 폐지(영재·발명 교육, 자율동아리, 청소년단체활동, 개인봉사활동, 수상경력, 독서활동 대입 미반영) • 자기소개서 단계적 폐지('24학년도에 완전 폐지) • 교원의 학생부 평가·기록 비위 엄정 조치, 관리·감독 강화
(대학) 평가의 투명성·전문성 강화	• 대입 전 과정에서 고교정보 블라인드 처리('20~) • 학생부 종합전형 세부 평가기준 공개('20) • 외부 공공사정관 참여, 대학에 대한 감사 강화(종합감사 시 점검)
대입전형 구조개편	• 정시 수능 위주 전형 확대(서울 16개 대학 40%까지 확대, ~23학년도) • 논술·특기자전형 폐지 유도, 사회통합전형 법제화

대입 공정성 강화 방안

출처: 교육부, 대입 제도 공정성 강화 방안, 2019

평가의 투명성 및 전문성 강화를 위해 대입 전 과정에서 고등
학교 정보는 블라인드 처리됩니다. 그리고 학생부 종합전형의
세부 평가 기준을 공개하게 되었습니다.

대입전형의 비율도 개편되었습니다. 서울의 16개 대학에
서는 정시 수능 위주 전형이 40%까지 확대될 예정입니다. 논
술 및 특기자전형의 폐지가 유도되며, 사회통합전형은 추후 법
제화될 것으로 발표되었습니다.

3부

2028 대입 제도, 새로운 입시 레이스에 대응하라

1장

대입 개편의 맥락 이해하기

고등학교 내신 제도의 변천 과정

우리나라 고등학교 내신 제도의 역사적 흐름은 4개 시기로 구분할 수 있습니다. 1981년부터 1995년까지 '7·30 교육 개혁(1980) 시기'이고, 1996년부터 2004년까지는 '5·31 교육 개혁(1995) 시기'입니다. 2005년부터 2013년까지 '9등급제 도입 시기', 2014년부터 현재까지는 '성취평가제 도입 시기'입니다.

7·30 교육 개혁(1981년부터 적용) 시기의 평가 방식은 절대평가적 요소가 가미된 상대평가로 수, 우, 미, 양, 가의 평어를 점수로 전환하여 전체 학년의 계열 석차를 산출하여 등급화하는 방식입니다. 과목별로는 절대평가 방식으로 이루어지되 전체 학년 석차를 산출한 방식이라고 할 수 있습니다.

5·31 교육 개혁(1996년부터 적용) 시기의 평가 방식은 고

시기 구분	7·30 교육 개혁(1980)	5·31 교육 개혁(1995)	9등급제 도입	성취평가제 도입
적용 시기	1981 - 1995	1996 - 2004 (고교)	2005 - 2013 (고교)	2014 - 현재
평가 방식	절대평가+상대평가	절대평가+상대평가	상대평가	상대평가 (절대평가 병기)
대입 내신 산출	• 전체 학년 계열석차를 토대로 등급 산출	• 대입을 위한 별도의 내신자료 미산출 • 학생부를 토대로 대학에서 자율적 활용	• 석차등급(9등급제) 도입 • 학생부 자료를 대학에서 자율적으로 활용	• 절대평가 기반 성취평가제 도입 +석차등급 (9등급제) 지속 • 학생부 자료를 대학에서 자율적으로 활용, 성취도는 미제공

고등학교 내신제의 변천

등학교의 평가를 절대평가 방식으로 하되 교과목별 단위 수, 성취도(수, 우, 미, 양, 가), 석차(동 석차) 및 재적수 등을 학교생활기록부에 기록하도록 하였습니다. 이 시기의 특징은 고등학교의 성적자료를 토대로 대학별로 성취도 또는 과목별 석차를 변환하여 활용하였다는 특징이 있습니다.

9등급제 도입 시기(2005년부터 적용)는 현재까지 적용되고 있는 9등급 상대평가 제도가 도입된 시기입니다. 고등학교에서는 학교생활기록부에 교과목별 단위 수, 원점수, 석차 등급(이수자 수) 등을 기재하고, 대학 입시에서는 학생부 자료를 대학에서 자율적으로 활용하도록 한 방식입니다.

성취평가제 도입 시기(2012년부터 적용)부터는 절대평가 기반 성취평가제를 전면 도입하였으나 9등급제의 석차 등급을 병기하고 있어서 실질적으로 대학에서는 9등급제의 평가 결과를 활용하고 있는 상황입니다. 학생부 자료를 대학에서 자율적으로 활용하되, 성취도 원점수는 제공하지 않고 있습니다. 진로선택과목의 경우 2019년부터는 석차를 산출하지 않고, 3단계의 성취도만을 제공하고 있습니다. 성취평가 제도 안착을 위해 성취도별 분포 비율도 함께 제공하고 있으나 이를 대학 입시에 직접적으로 반영하기는 어려운 상황입니다.

현행 고교 내신 9등급제 이해하기

현재 고등학교에서 적용되고 있는 내신평가의 방식은 '9등급 상대평가'라 불리는 시스템입니다. 9등급 상대평가는 내신 부풀리기와 대학의 내신 실질 반영률 저하의 문제를 해소하기 위해 2005년 도입되었습니다. 이 시스템에서는 과목별로 전교생 중 4%만이 1등급을 받게 되며, 나머지 학생들은 석차에 따라 정해진 비율대로 9등급까지 등급이 매겨집니다. 이것은 말 그대로 모든 학년의 학생들이 대학 진학을 위한 경쟁자임을 의미합니다.

학교의 규모에 따라 1등급을 받는 학생 수가 결정되기 때문에 소인수학교나 특정과목에서는 1등급을 받는 학생이 없을 수도 있습니다. 더구나 아주 미세한 점수 차이로 석차나 등급이 결정되어 학생들은 지나친 경쟁으로 인한 학업 스트레스를 받게 됩니다. 마찬가지로 수행평가에서도 불필요한 경쟁이 벌어집니다. 이 때문에 내신 성적을 향상시키기 위한 사교육이 급증하는 문제가 발생합니다. 또한 학생들은 적성이나 진로와는 상관없이 석차를 높이는 데 유리한 과목을 선택하게 됩니다. 이러한 문제를 해결하기 위해 교육부는 이미 2011년에 9등급제를 폐지하고 성취평가제로 대체하는 결정을 내렸습니다. 그러나 성취평가제 도입으로 우려되는 부작용으로 인해, 이 결정은 3차례의 유예를 거친 끝에 여전히 9등급제가 유지되고 있습니다.

9등급제의 과목별 석차 등급은 지필평가 및 수행평가의 반영 비율 환산 점수의 합계에 의한 석차 순에 따라 다음과 같이 평정합니다. 등급별 누적 학생 수는 수강자 수와 누적 등급 비율을 곱한 값을 반올림하여 계산합니다. 학교는 동점자 처리 규정을 학교별로 마련할 수 있으며, 동점자를 발생시키지 않도록 노력합니다. 동점자가 발생한 경우, 중간석차 백분율을 기준으로 등급을 부여하며, 이때 특정 비율을 중간석차 백분율로 사용합니다.

석차는 매 학기마다 과목별 지필평가와 수행평가의 반영 비율 환산 점수 합계를 계산하여 소수 셋째 자리에서 반올림하여 소수 둘째 자리까지 구합니다. 성석 산출을 위한 수강사 수는 해당 학기 말 수강자 수를 기준으로 합니다. 필요한 경우 교육감의 승인을 받아 학과별로 수강자 수를 조정할 수 있습

석차등급	석차누적비율
1등급	~ 4% 이하
2등급	4% 초과 ~ 11% 이하
3등급	11% 초과 ~ 23% 이하
4등급	23% 초과 ~ 40% 이하
5등급	40% 초과 ~ 60% 이하
6등급	60% 초과 ~ 77% 이하
7등급	77% 초과 ~ 89% 이하
8등급	89% 초과 ~ 96% 이하
9등급	96% 초과 ~ 100% 이하

9등급제의 과목별 석차 등급

니다. 특정 교과와 학생에 따라 성취도 또는 이수 여부를 기록할 수 있습니다.

동점자 처리 시, 해당 순위의 최상의 석차를 부여하며 동점자 수를 별도로 기재합니다. 공동실습소, 특성화고등학교, 특수목적고등학교 등에서 개설한 교과는 계열에 따라 수강자 수를 구분하여 산출할 수 있습니다. 명예졸업, 퇴학, 자퇴, 제적, 휴학 등의 학생은 성적 처리가 완료된 학생만 수강자 수에 포함되며, 이전 상태 또는 재·전·편입학생 중 원적교에서 성적을 취득한 학생은 제외됩니다.

고등학교 학업 성적의 평가 결과 처리는 과목별 성적 일람표로 작성됩니다. 과목별 성적 일람표는 학기 말에 각 교과

담당 교사에 의해 작성되며, 전산처리로 관리되는 것이 원칙입니다. 이 일람표는 지필평가와 수행평가의 점수를 합산하여 학생들의 성적을 산출합니다. 대부분의 과목은 원점수, 과목 평균, 과목 표준편차, 성취도, 석차, 석차 등급을 산출합니다. 진로선택과목과 일부 공통과목은 원점수, 과목 평균, 성취도별 분포 비율을 산출합니다. 일부 전문과목은 능력 단위로 평가되며, 이때 이수 시간, 원점수, 성취도만 산출합니다.

학교생활기록부에 기록되는 원점수, 과목 평균, 과목 표준편차에 대해 살펴보겠습니다. 원점수는 지필평가 및 수행평가의 반영 비율 환산 점수 합계를 계산하여 반올림해 정수로 기록합니다. 과목 평균과 과목 표준편차는 원점수를 사용하여 계산되며, 소수 둘째 자리에서 반올림하여 소수 첫째 자리까지 기록됩니다.

현재 고등학교에서는 9등급제와 함께 향후 성취평가제를 완전히 도입하기 위해 과목별 성취도를 A, B, C, D, E의 5등급으로 표시하고 있습니다. 과목별 성취도는 성취율에 따라 평가됩니다. 교육부가 제시하고 있는 과목별 성취도의 일반 기준에 따르면 90% 이상의 성취율을 보이는 경우 A를 받게 되고 이하 10점 단위로 B, C, D, E를 받게 됩니다. 학교는 과목별로 성취율에 따른 분할섬수를 사율적으로 설정할 수 있으며, 힉생들의 성취도를 이에 따라 평가합니다.

성취평가제에서 보통교과 공통과목의 과학탐구 실험, 보

성취율	성취도
90% 이상	A
80% 이상 ~ 90% 미만	B
70% 이상 ~ 80% 미만	C
60% 이상 ~ 70% 미만	D
60% 미만	E

일반 과목 성취평가제 성취도의 분할 표준

통교과 체육 예술교과(군)의 일반 선택과목, 보통교과 진로선택과목(진로 선택으로 편성된 전문 교과 포함), 전문 교과Ⅰ 과학계열교과(군)의 융합과학탐구, 과학과제 연구, 물리학 실험, 화학 실험, 생명과학 실험, 지구과학 실험, 전문 교과Ⅰ 국제계열교과(군)의 사회탐구 방법, 사회과제 연구의 성취도는 원점수에 따라 다음과 같이 A, B, C 3등급으로 평정하게 됩니다.

성취율(원점수)	성취도
80% 이상 ~ 100%	A
60% 이상 ~ 80% 미만	B
60% 미만	C

특정 과목 성취평가제 성취도의 분할 표준

왜 5등급제가 도입되었을까?

현재 운영되고 있는 고등학교의 내신 9등급 상대평가는 2005년에 도입되었습니다. 당시에도 명문대 입시에 대한 경쟁과 관심이 높은 상황이라 고등학교 내신 성적을 높게 평가하는 관행이 있었고, 이런 현상을 '내신 부풀리기'라고 표현했습니다. 고등학교에서 더 많은 학생에게 높은 등급을 주기 위해 시험 문제를 쉽게 내는 방법 등이 유행한 것입니다. 결과적으로 대학들은 고교 내신 성적 결과를 신뢰하지 않게 되었고, 내신 성적의 실질적인 반영 비율을 낮게 조정하는 문제가 발생하였습니다. 그래서 정부에서는 고등학교의 내신 부풀리기와 대학의 내신 실질 반영률 저하와 같은 문제를 해결하기 위해 엄격한 상대평가인 9등급제를 도입하게 된 것입니다. 고교 내신 9등급제는 과목별로 석차 상위 4%만 1등급을 받게 되고, 정해진 비율대로 9등급까지 받는 방식입니다. 같은 과목을 수강하는 모든 아이가 대입을 위한 경쟁자가 되고, 공통과목의 경우 전교생이 치열하게 경쟁하는 구조가 됩니다. 학생들은 더 좋은 성적을 받기 위해 선행학습과 문제 풀이식 사교육을 받을 수밖에 없습니다.

선생님들 입장에서도 9등급제는 교육적 평가보다는 선별을 위한 평가를 할 수밖에 없게 됩니다. 등급 간의 경계에서 동점자가 발생하게 되면 중간 등급을 함께 공유해 상위 등급을 받지 못하는 경우가 발생합니다. 학교에 1등급이 많이 나오도록 하기 위해서는 4%에 해당하는 학생들이 동점자 없이 서열이 나누어지도록 평가를 해야 합니다. 예를 들어 100명의 학생이 수강하는 과목에서 모두 100점을 받게 되면 100명이 모두 중간 등급인 5등급을 받게 되는 구조입니다. 이는 제도를 디자인할 때 유행하던, 많은 학생들이 좋은 등급을 받도록 문제의 난이도를 쉽게 만드는 내신 부풀리기 문제를 방지하기 위해 설계된 것입니다.

9등급제에 의한 부작용 중에서 가장 심각한 것은 동점자가 발생하지 않도록 학생들의 순위를 잘 매기기 위해 어려운 문제를 출제하거나 많은 수의 문제를 출제하여 학생들이 정답을 맞히지 못하도록 해야 한다는 것입니다. 이때 흔히 말하는 '킬러 문항'이 나오게 됩니다. 킬러 문항은 많은 학생들이 틀리도록 만든 문항입니다.

고등학교의 내신 성적이 무한 상대평가이기 때문에 목표로 하는 대학에 진학하기 위해서는 절대적 수준에서 잘하면 되는 것이 아니라 동급생 중에서 높은 서열에 진입해야 하는 상황입니다. 이를 무한 경쟁의 상황이라고 표현할 수 있습니다. 교육과정의 내용을 이해하고 활용할 수 있는 역량의 수준을 넘어서 다른 학생보다 빠르고 정확하게 문제를 풀 수 있는 능력이 경쟁의 성패를 좌우하게 됩니다. 학생들은 빠르고 정확하게 문제를 풀기 위해 문제 풀이 중심의 반복 학습을 해야 하고, 어려운 문제에 대해 더 잘 이해하기 위해 사교육에 의존하게 됩니다. 실제 고등학교 입학 전인 중학교 때부터 고등학교 전체의 교육과정을 선행학습하는 경우도 발생하고 있습니다. 9등급제의 도입으로 인해 고등학교 내신을 대비하기 위한 사교육이 급격하게 증가했다는 분석이 나오는 이유입니다.

지난 정부에서는 고등학교의 9등급제 평가가 많은 문제를 야기하고 있다는 점에 대해 인식하고 이를 해소하기 위해 고민을 하였습니다. 그 결과 2022 개정 교육과정이 도입되는 2025학년도부터 고교학점제가 본격 도입될 예정입니다. 교육과정과 함께 혁신적인 미래형 고교학점제가 도입되는 시점에 맞추어 과도한 경쟁과 사교육을 유발하는 9등급제의 폐지를 검토하게 되었습니다. 2025년에 고교학점제를 선면적으로 도입하면서 절대평가인 성취평가제를 도입하는 방안입니다.

성취평가제는 교육학적으로 바람직하지만 도입에는 큰

걸림돌이 있는데, 바로 우리가 역사적으로 경험했던 '고교 내신 부풀리기'입니다. 성취평가제에서는 과목별로 교사가 성취 기준을 설정하고 학생들의 성취 수준을 평가하여 학생들에게 'A, B, C, D, E'를 부여하게 됩니다. 교육학적으로 성취평가를 도입하는 근본적인 목적은 모든 학생이 성취 수준에 도달하여 전체적으로 A 등급을 많이 받도록 하는 것입니다. 미국의 학자인 벤자민 블룸이 제시한 완전학습이론(Mastery Learning Theory)에서 제시하고 있는 교실 수업의 혁신을 통해 도달하고자 하는 목표입니다. 하지만 현실적인 관점에서 본다면 교사 개인별로 평가의 기준을 객관적으로 확인할 수 없고, 학교마다 이루어지는 평가 수준이 다를 수 있어 그 결과는 대학입학 전형에서 활용하기 어렵습니다. 내신 성적이 대학입학전형에 활용하는 자료가 되는 상황에서 고등학교가 '내신 부풀리기'의 유혹에서 벗어나기란 쉽지 않습니다. 제자들이 인생이 걸린 대학 입시에서 유리하게 평가 받기를 바라는 교사의 마음이 있기 때문입니다.

고교 내신 부풀리기는 극장 효과에 비유할 수 있습니다. 극장에서 영화를 볼 때 모든 사람이 앉아서 본다면 편하게 볼 수 있는데, 맨 앞에 앉은 사람이 일어서서 본다면 그 뒤에 앉은 사람들도 일어서서 봐야 하는 불편함이 생깁니다. 모두가 동의하여 앉아서 본다면 적은 비용으로 많은 효용을 얻을 수 있다는 사실을 알고 있음에도 불구하고 계속 서서 봐야 하는 상황입니다. 서로 모르는 사람들이 모두가 동의하여 다시 앉아야 하는데, 이러한 합의의 과정이 어렵기 때문입니다. 관객들 모두가 참여하는 협의 과정을 통해 모두의 동의에 기반한 합의를 도출하고 행동으로 옮기는 것은 쉽지 않은 일입니다. 성취평가제의 경우에도 약속을 어긴 사람이 이익을 얻게 되는 극장 효과와 유사한 상황입니다. 내신 부풀리기를 예방하기 위한 제도의 마련이 어렵다는 점 또한 성취평가제 도입의 큰 걸림돌이라고 할 수 있습니다. 이러한 현상을 경제학에서는 게임 이론으로 설명하고 있으며, 우리가 익히 알고 있는 '죄수의 딜레마'도 유사한 상황을 설명합니다.

이전 정부에서는 고심 끝에 2025년부터 고등학교 내신 제도를 성취평가제로 바꾸는 방향을 제시하면서 1학년 공통과목의 경우에는 9등급제를 유지한다는 정책을 확정하여 발표하였습니다. 절대평가라는 목표를 향해 정책을 추진하되, 과도기적으로 9등급제를 1학년만 적용한다는 절충적인 방안이라고 볼 수 있습니다. 만약 고등학교 2, 3학년에서 내신 부풀리기 현상이 발생하더라도 1학년 상대평가 결과로 대학입학전형의 변별력을 유지할 수 있다는 논리가 반영되어 있습니다. 이 제도가 시행된다면 고등학교에서는 1학년 9등급제의 엄밀한 평가가 학생들의 서열을 결정하는 가장 중요한 요소가 됩니다. 2, 3학년의 성취평가제에서는 상당히 관대한 평가가 이루어질 가능성이 있으며 A등급을 받는 학생의 비율은 엄청나게 높아질 것으로 예상됩니다.

이 정도 상황에서 새로운 고등학교 내신평가 제도는 학생과 학부모에게 주는 시그널이 명확합니다. 1학년 성적이 고등학교 전체 성적과 서열에 미치는 영향력이 커지기 때문에 '1학년 내신 성적에 올인해야 된다'는 풍조가 만연해집니다. 사교육 시장에서 '고1 내신 대비반'이 더 많이 생기게 된 이유입니다. 1학년 성적이 좋지 않은 학생들이 2학년부터 내신을 포기하고 수능에만 쏟아 붓게 되면 고등학교의 교실 수업이 파행적으로 운영될 것은 자명합니다. 고등학교 1학년을 마치고 검정고시나 대안학교 선택을 위해 자퇴하는 학생이 속출할 가능성이 높다는 교육 현장의 우려도 컸습니다.

이러한 문제들을 해소하기 위해 2028 대입 제도 개편 시안에서는 고등학교 내신 제도 개선의 큰 방향으로 성취평가제를 도입하되, 변화의 혼란이 최소화될 수 있도록 내신 5등급제를 도입하기로 결정했습니다. 9등급제의 극심한 경쟁을 완화하고, 성취평가제를 안착시키기 위한 준비의 시간을 더 확보하는 것이 반영된 것입니다.

2장

통합 수능 도입 맥락
이해하기

대학수학능력시험의 특성과 변천 과정

대학수학능력시험, 줄여서 수능시험은 1994학년도에 처음 도입되어 우리나라의 고등학교 졸업자들의 대학 진학을 위한 중요한 시험이 되었습니다. 이전의 학력고사와는 달리 수능은 단편적 지식이나 암기 위주의 평가에서 벗어나, 적용력, 분석력, 종합력, 판단력, 문제 해결력 등의 고등 사고력을 중심으로 한 평가를 지향하였습니다.

이후 수능은 국가의 교육과정 변화에 따라 여러 번 개편되었습니다. 예를 들면, 1994학년도부터 1998학년도 수능은 제5차 교육과정을 기반으로 하였고, 1999학년도부터는 제6차 교육과정이 적용되어 개편되었습니다. 이런 패턴은 2005학년도와 2014학년도에도 이어졌습니다. 특히 2017학년도 수능에서는 2009 개정 교육과정이 전 영역에 걸쳐 전면적으로 적용되었습니다.

  그럼에도 불구하고, 수능이 단순히 교육과정의 변화만 따라가는 것은 아니었습니다. 사회적 요구나 교육 현장의 문제점을 반영하여 수능의 체제도 여러 번 변화하였습니다. 예를 들어, 2008학년도 수능에서는 학생들의 과도한 시험 부담을 줄이고 공교육의 질을 높이기 위해 기존의 표준점수나 백분위 점수 제공을 중단하고, 9개의 등급만을 제공하는 방식이 도입되었습니다.

수능 유형		학년도 (교육과정)	특징	수능 출제 영역/과목
계열 통합형 수능		1994 (제5차)	• 모든 학생이 동일한 시험에 응시	4개 영역 • 언어 • 수리·탐구(Ⅰ) • 수리·탐구(Ⅱ) • 외국어(영어)
계 열 구 분 형 수 능	계열별 출제	1995~1998	• 언어, 외국어(영어) 영역 공통 응시 • 수리·탐구(Ⅰ),수리·탐구(Ⅱ) 영역의 25%를 계열별 출제	4개 영역 • 언어 • 수리·탐구(Ⅰ) • 수리·탐구(Ⅱ) • 외국어(영어)
	계열별 선택과목 도입	1999~2000 (제6차)	• 수리·탐구(Ⅰ)의 출제범위 차별화 • 수리·탐구(Ⅱ) 영역의 계열별 선택과목 도입	4개 영역 출제 및 응시: • 언어 • 수리·탐구(Ⅰ)(+α) • 수리·탐구(Ⅱ)(+α) • 외국어(영어)
		2001	• 제2외국어 영역 신설 (6개 과목 중 택 1)	5개 영역 출제 및 응시: • 언어 • 수리·탐구(Ⅰ)(+α) • 수리·탐구(Ⅱ)(+α) • 외국어(영어) • 제2외국어 영역(택 1)
		2002~2004	• 수리탐구Ⅰ 영역을 수리 영역으로 명칭 변경 • 수리탐구Ⅱ 영역을 사회탐구 및 과학탐구 영역으로 분리 • 영역별 등급제 도입	6개 영역 출제 및 응시: • 언어 • 수리 영역(+α) • 사회탐구(+α) • 과학탐구(+α) • 외국어(영어) • 제2외국어 영역(택 1)

출처: 이용상 외, 대학수학능력시험 영어 영역 절대평가 시험체제 및 점수체제 방안, 한국교육과
정평가원, 2015
김신영, 대학수학능력시험의 개선 방안 탐색, 교육평가연구, 22(1), 1-27, 2014

수능 유형	학년도 (교육과정)	특징	수능 출제 영역/과목
선택형 수능	2005 ~2007 (제7차)	• 영역/과목 선택제 도입 • 직업탐구 영역 신설, 최대 3과목 응시 • 탐구 영역 최대 4과목응시	7개 영역 • 언어 • 수리(가/나형) • 외국어(영어) • 사회탐구/과학탐구/직업탐구 • 제2외국어, 한문
	2008	• 언어 영역 문항 수 축소(60문항→50문항) • 표준점수, 백분위 정보를 제공하지 않고, 과목별 등급 정보만 제공	상동
	2009 ~2010	• 국사 과목에 근현대사 내용 포함 • 표준점수, 백분위, 과목별 등급 정보 모두 제공	상동
	2011	• EBS 연계 비율 70% 수준 유지	상동
	2012 ~2013 (2007 개정)	• 2007 개정 교육과정의 수학 교육과정 변경사항 적용 • 탐구 영역 최대 선택과목 수 축소(택4→택3) • EBS 70% 연계 및 영역별만점자 1% 수준	상동
	2014 (2009 개정)	• 쉬운 난이도 A형과 어려운 난이도 B형의 수준별 수능 시행 • 7개 영역 명칭 변경 • 탐구 영역 최대 선택과목 수 축소 (택3→택2) • 예외적으로 수학 과목은 2007 개정 교육과정이 적용	7개 영역 • 국어(A/B형) • 수학(A/B형) • 영어(A/B형) • 사회탐구/과학탐구/직업탐구 • 제2외국어, 한문
	2015 ~2016	• 수준별 영어 폐지	7개 영역 • 국어(A/B형) • 수학(A/B형) • 영어 • 사회탐구/과학탐구/직업탐구 • 제2외국어, 한문
	2017	• 한국사 필수 지정 • 한국사 성적은 등급만 제공(9등급 절대평가) • 수준별 국어 폐지 • 수학 가/나형 전환 • 2009 개정 교육과정이 수학 교과에 적용	7개 영역 • 국어 • 수학(가/나형) • 영어 • 사회탐구/과학탐구/직업탐구 • 제2외국어, 한문
	2018 ~2020	• 영어 절대평가제 도입	상동

현행 수능 체제 이해하기

한국교육과정평가원장은 매년 7월 그 해 대학수학능력시험의 세부 계획을 공고해야 합니다. 2024학년도 대학수학능력시험 시행 세부 계획 공고는 2023년 7월 3일에 발표되었습니다. 매년 수능시험은 11월 셋째 주 목요일에 시행되는데, 2024학년도 수능시험은 2023년 11월 16일 목요일에 시행됩니다.

2024학년도 수능시험의 시험 영역은 국어, 수학, 영어, 한국사, 탐구(사회·과학·직업), 제2외국어/한문영역으로 되어 있습니다. 한국사 영역은 모든 수험생이 반드시 응시해야 하고, 나머지 영역은 전부 또는 일부를 임의로 선택하여 응시할 수 있습니다. 직업탐구 영역은 산업수요 맞춤형 및 특성화고등학교 전문 교과Ⅱ 교육과정(2020년 3월 1일 이전 졸업자는 직업계열 전문

교과 교육과정)을 86단위(2016년 3월 1일 이전 졸업자는 80단위) 이
상 이수한 자만 응시할 수 있습니다.

　　시험시간 및 영역별 배점, 문항 수 구성은 다음과 같습니다.

교시	시험 영역	시험시간	배점	문항 수	비고
1	국어	08:40~10:00 (80분)	100	45	
2	수학	10:30~12:10 (100분)	100	30	• 단답형 30% 포함
3	영어	13:10~14:20 (70분)	100	45	• 듣기평가 문항 17개 포함 (13:10부터 25분 이내)
4	한국사, 탐구 (사회·과학·직업)	14:50~16:37 (107분)			
	한국사	14:50~15:20 (30분)	50	20	• 필수 영역
	한국사 영역 문·답지 회수 탐구 영역 문·답지 배부	15:20~15:35 (15분)			• 문·답지 회수·배부 및 탐구 영역 미선택자 대기실 이동
	탐구(사회·과학·직업) 시험: 2과목 선택자	15:35~16:05 (30분)	50	20	• 선택과목 응시 순서는 응시원서에 명기된 탐구 영역별 과목의 순서에 따라야 함.
	시험 본 과목 문제지 회수	16:05~16:07 (2분)			• 문제지 회수 시간은 2분임.
	탐구(사회·과학·직업) 시험: 1~2과목 선택자	16:07~16:37 (30분)	50	20	
5	제2외국어/한문	17:05~17:45 (40분)	50	30	

현행 수능 구성

2024학년도 수능시험에 응시할 수 있는 자격은 2023학년도 고등학교 졸업예정자, 고등학교 졸업자(재수 및 n수생), 초·중등 교육법시행령 제98조에 의거 고등학교 졸업자와 동등의 학력이 있다고 인정된 사람(검정고시 및 해외 학력 인정자)입니다.

국어와 수학 영역 두 영역은 '공통과목 + 선택과목'의 구조입니다. 국어영역에서는 독서, 문학을 기본으로 하고, 화법과 작문, 언어와 매체 중 하나를 선택하여 총 45문항이 출제됩니다. 수학 영역에서는 수학Ⅰ, 수학Ⅱ를 기본으로 하고, 확률과 통계, 미적분, 기하 중 하나를 선택하여 총 30문항이 출제됩니다. 영어 영역에서는 영어Ⅰ, 영어Ⅱ의 내용을 바탕으로 총 45문항이 출제됩니다. 한국사 영역에서는 우리나라의 역사에 대한 기본적인 소양을 평가하기 위해 총 20문항이 출제됩니다. 현재 사회 및 과학탐구 영역은 특히 다양한 과목에서 선택할 수 있도록 구성되어 있습니다. 총 17개의 과목 중에서 최대 2개의 과목을 선택할 수 있으며, 각 과목당 20문항이 출제됩니다.

직업탐구 영역에서는 6개의 과목 중에서 2개의 과목을 선택할 수 있습니다. 1개의 과목만 선택할 경우 특정 계열의 과목 중 하나를 선택해야 하며, 2개의 과목을 선택할 경우 성공적인 직업생활과 계열별 선택과목 중 하나를 선택해야 합니다. 마지막으로, 제2외국어/한문영역에서는 총 9개의 과목 중에서 1개의 과목을 선택할 수 있으며, 각 과목당 30문항이 출제됩니다.

영역 \ 구분		문항 수	출제 범위(선택과목)
국어		45	• 공통과목: 독서, 문학 • 선택과목(택 1): 화법과 작문, 언어와 매체 • 공통 75%, 선택 25% 내외
수학		30	• 공통과목: 수학 I, 수학 II • 선택과목(택 1): 확률과 통계, 미적분, 기하 • 공통 75%, 선택 25% 내외
영어		45	영어 I, 영어 II를 바탕으로 다양한 소재의 지문과 자료를 활용하여 출제
한국사 (필수)		20	한국사를 바탕으로 우리 역사에 대한 기본 소양을 평가하기 위한 핵심 내용 위주로 출제
탐구	사회 · 과학 탐구	과목당 20	생활과 윤리, 윤리와 사상, 한국지리, 세계지리, 동아시아사, 세계사, 경제, 정치와 법, 사회·문화 물리학 I, 화학 I, 생명과학 I, 지구과학 I, 물리학 II, 화학 II, 생명과학 II, 지구과학 II 17개 과목 중 최대 택 2
	직업 탐구	과목당 20	1과목 선택: 농업 기초 기술, 공업 일반, 상업 경제, 수산·해운 산업 기초, 인간 발달 중 택 1 2과목 선택: 성공적인 직업생활 + 위 5개 과목 중 택 1
제2외국어 /한문		과목당 30	독일어 I, 프랑스어 I, 스페인어 I, 중국어 I, 일본어 I, 러시아어 I, 아랍어 I, 베트남어 I, 한문 I 9개 과목 중 택 1

과목별 출제 범위

대학수학능력시험에는 여러 영역과 문항 유형이 있습니다. 대부분의 문항 유형은 객관식 5지선다형으로 되어 있습니다. 하지만, 수학 영역에서는 특별히 단답형 문항이 30% 포함되어 있습니다. 이는 수학적 사고력과 문제 해결 능력을 더욱 정밀하게 평가하기 위함입니다.

문항의 배점은 영역별로 다르게 책정되어 있습니다. 문항의 난이도, 문제 해결에 소요되는 시간, 중요도, 그리고 사고 수준을 고려하여 차등 배점하였습니다. 구체적으로 국어, 영어, 한국사, 탐구(사회, 과학, 직업) 영역에서는 문항당 2점 또는 3점으로 배점됩니다. 수학 영역에서는 문항의 난이도에 따라 2점, 3점, 또는 4점으로 배점됩니다. 제2외국어나 한문영역에서는 문항당 1점 또는 2점으로 배점됩니다.

대학수학능력시험은 사교육 수요를 줄이고, 예측 가능성을 높이기 위해 EBS 수능교재 및 강의와 연계하여 출제됩니다. 단순히 교재나 강의 내용을 그대로 출제하는 것이 아니라, 교육과정에서 중점적으로 다루는 개념과 원리를 중심으로 연계 체감도를 높여 출제합니다. 이는 학생들이 단순히 암기에 의존하지 않고, 중요한 개념과 원리를 체계적으로 이해하고 활용하는 능력을 평가하기 위함입니다.

EBS 수능교재 및 강의 연계는 간접 연계 방식을 통해 이루어집니다. 이는 영역/과목별 문항 수 기준으로 약 50% 수준으로 진행됩니다. 연계 대상은 해당 연도 수험생을 위한 교재 중에서 평가원이 감수한 교재 및 강의입니다. 이를 통해 학생들이 학습하는 교재와 강의가 시험에 어느 정도 연계되어 있음을 보장하게 됩니다. 연계의 유형은 영역별로 차이가 있습니다. 중요한 개념이나 원리의 활용, 지문이나 그림, 도표 등의 자료 활용, 핵심 제재나 논지의 활용, 그리고 문항의 변형 또는 재구성 등이 포함됩니다.

왜 통합 수능이 도입되었을까?

'2028 대입 제도 개편 방안'에서 대학수학능력시험의 중요한 변경 사항은 바로 선택과목의 감소와 통합 수능으로의 전환입니다. 그 이유에 대해 살펴보겠습니다. 우선 분절적 과목 체계의 문제점을 해소하기 위한 것입니다. 기존 수능의 국어, 수학, 사회·과학 등의 선택과목 체계는 학생들의 적성과 역량을 고려한 다양한 교육을 저해하였습니다. 예를 들면, 일부 과목들은 높은 표준점수를 확보하기 유리하여 학생들이 그 과목들을 선호하게 되었습니다. 2023년 수능 기준으로 지구과학 I 은 33.7%의 학생이 선택하였으나, 물리학 II 는 단지 0.6%만이 선택하였습니다. 또한, 생활과 윤리는 32.9%가 선

택하였지만 경제는 1.1%에 불과했습니다.[1]

학생과 학부모의 불만 또한 높았습니다. 이에 대해 고등학교 교사들은 수능 선택과목이 학생들로 하여금 자신의 적성이나 진로보다는 점수 취득을 위해 전략적으로 접근하도록 만들고 있다고 지적하였습니다. 그 결과로, 같은 원점수를 받았더라도 선택한 과목에 따라 다른 표준점수를 받게 되어 학생과 학부모 사이에서 큰 혼란과 불공정하다는 인식이 확산되었습니다. 2023년 대입 정책 의견 조사에서 고교 교사 36%가 '국어·수학 선택과목에 수정·보완이 필요하다'라고 응답한 바 있습니다. 수능 선택과목 체계를 계속 유지할 경우, 2025년에는 고교학점제 도입으로 다양한 과목 선택을 적극 권장하는 시스템과의 충돌이 예상되며, 이로 인한 수능의 유불리 논란이 심화될 것이라는 전망이 있었습니다.

'2028 대입 제도 개편 방안'에 따라 선택과목은 폐지되고 통합형·융합형 수능 과목체계가 도입됩니다. 과목 선택에 따른 유불리 문제를 해결하고, 수능의 '공정성'을 더욱 확보하고자 하는 방향입니다. 더불어, 사회과학과 자연과학영역을 통합 응시로 변경하여 학습의 벽을 허물고, 융합적 학습을 유도하였습니다.

통합형 과목체계의 세부 내용을 살펴보면 국어, 수학, 영

---

[1] 교육부, 2028 대입 제도 개편 시안, 2023

어 영역에서는 선택과목 없이 같은 내용과 기준으로 점수 부여 과정이 공정하고 단순화되었고, 평가 과목은 교육과정에서 일반적으로 개설되며, 분야별 주요 내용을 중점적으로 다루는 과목 위주로 출제됩니다. 이는 현행 수능과 학습량이 동일하며, 고등학교 교육과정 기준 8과목에 해당합니다. 예를 들면 국어영역에서는 '화법과 언어', '독서와 작문', '문학', 수학 영역에서는 '대수', '미적분Ⅰ', '확률과 통계', 그리고 영어 영역에서는 '영어Ⅰ·Ⅱ'로 구성됩니다.

수학 영역에서는 첨단 분야 인재 양성을 위해 '미적분Ⅱ+기하'를 절대평가 방식으로 평가하는 심화수학 영역의 도입을 검토 중입니다. 이는 고등학생들에게 심화된 학습 기회를 제공하기 위한 제안입니다. 단, 사교육의 과도한 유발을 방지하고자 다양한 개념학습을 장려하는 수준으로 출제할 예정입니다.

사회 및 과학탐구 영역 응시자는 선택과목 없이 전반적인 사회 및 과학 내용에 똑같이 응시하게 됩니다. 이는 두 영역을 모두 응시해야 함을 의미합니다. 그러나 각 영역의 시험 시간과 점수는 분리되어 대학이 각 영역의 수준을 따로 평가할 수 있습니다. '통합사회'와 '통합과학'이라는 교육과정 중 모든 학생이 필수적으로 학습하는 과목을 중점적으로 출제합니다. 이를 통해 핵심 내용에 대한 평가가 이루어집니다. 이러한 변화로, 개별과목에 한정된 지식 암기 위주의 평가에서 사회·과학

전반의 내용을 다루는 융합평가로 개선되며, 논리적 사고 역량 향상을 중점적으로 강조하게 됩니다.

직업탐구 영역은 계속 유지되며, 모든 전공에 공통적인 '성공적인 직업생활'이라는 주제로 출제됩니다. 한국사 영역 및 제2외국어/한문영역의 경우, 교육과정에 따라 출제과목만 조절됩니다. 각 영역의 평가 방식과 성적 제공 방식은 안정성을 위해 현행을 그대로 유지합니다.

EBS와의 연계는 현행대로 50% 간접 연계를 유지합니다. 이를 통해 공교육 및 EBS 중심의 수능 준비 지원이 이루어지게 됩니다.

3장

대입 개편,
내신 5등급제와
통합 수능에 대비하기

내신 5등급제에 대비하기

2025학년도 고등학교 신입생부터 내신 5등급제가 적용됩니다. 우선 변경된 고등학교 평가 체계에 대해 이해하는 것이 중요합니다. 기존 9등급제는 다양한 등급으로 세분화되어 있었지만, 5등급제는 학생들의 성적을 더 넓은 범위로 포괄하여 평가합니다. 학생과 학부모 모두 변경된 고등학교 평가 체계를 이해하고 대비하는 것이 필요합니다. 또한 변화를 기회로 받아들이는 것이 중요합니다. 5등급제는 학생들 간의 서열 비교보다는 각 학생의 전반적인 학업 성취도를 더 중요시하는 체계입니다. 특정 과목에 치중하기보다는 전체적인 학업 성취도를 높이는 것이 중요합니다. 따라서 학생 간의 경쟁보다는 자신의 학업 성취도를 높이는 데 집중하는 것이 좋습니다.

이를 위해 학생들은 자기 주도적인 학습 태도를 길러야

합니다. 5등급제에서는 전체적인 학업 성취도가 중요하므로 고등학교에 진학하게 된다면 과목마다 목표 성적을 설정하고, 그에 따른 학습 계획을 세우는 것이 필요합니다. 그리고 일정한 학습 시간을 정해 놓고 꾸준히 공부하는 습관을 들이는 것이 효과적입니다. 이는 시험 직전의 부담을 줄이고, 전체적인 성취도를 꾸준히 향상시키는 데 도움이 될 것입니다. 또한 꾸준한 학습 결과에 대한 평가를 통해 본인의 현재 성적 위치와 약점을 파악해야 합니다. 평가 이후에는 오답 노트를 만들거나, 어려웠던 부분을 중점적으로 복습하는 시간을 가져야 합니다. 이러한 변화 과정에서는 자칫 새로운 평가 체계에 대한 두려움이나 부담감에 매몰될 수 있기 때문에, 좀 더 객관화하여 현 상황을 바라보고 긍정적인 마인드로 변화를 받아들이는 것 또한 필요합니다.

현재 중학생이나 초등학생의 경우에는 고등학교의 변화된 내신 체계에 대비하기 위한 전략이 필요합니다. 가장 중요한 것은 기본기 다지기입니다. 기본적인 개념학습에 많은 시간을 투자해야 합니다. 중학교 때의 학습은 고등학교 학습의 토대가 되므로, 모든 과목의 기본 개념을 확실히 이해하고 응용할 수 있도록 해야 합니다. 큰 건물은 그 기초가 튼튼해야만 오랫동안 그 위력을 유지할 수 있습니다. 학문 또한 마찬가지입니다. 모든 학문은 기본적인 원리와 개념 위에 세워집니다. 중학교에서 학습하는 기본 개념들은 고등학교의 복잡한 내용을 이해하는 데 필요한 토대가 됩니다. 이를 바탕으로 학생들은 유연한 사고력을 키우고 다양한 문제 상황에 대응할 수 있게 됩니다. 토대를 잘 쌓은 학생은 고등학교에서의 학습 속도를 높일 수 있으며, 복잡한 문제나 내용도 쉽게 이해하고 습득할 수 있습니다.

5등급제는 전체적인 성취도를 중시하기 때문에 여러 과목에 대한 폭넓은 지식과 호기심을 갖는 것이 좋습니다. 다양한 분야의 도서를 읽어 지식의 폭을 넓히며, 깊이 있는 사고 능력을 기르는 것이 도움이 됩니다. 독서는 단순한 취미나 여가 활동을 넘어, 우리의 지적 성장과 정서적 성숙을 위한 필수적인 활동이기도 합니다. 독서를 통해 다양한 분야의 지식을 획득하며, 추상적 사고와 깊이 있는 사고 능력을 키울 수 있을 것입니다. 또한, 다양한 텍스트를 접하게 되면서 어휘력과 표현력이 향상됩니다. 그리고 소설이나 에세이를 통해 다양한 인간의 삶과 가치를 경험하는 과정에서 자신의 삶과 가치관에 대해 깊이 생각하게 됩니다. 이는 정서적 성숙에 크게 기여하게 됩니다.

고등학교는 중학교 때보다 학업의 부담이 훨씬 커진다고 할 수 있습니다. 그만큼 다양하고 깊이 있는 지식을 습득하는 시기이기도 합니다. 이러한 변화에 원활히 적응하기 위해서는, 중학생 시절부터의 꾸준한 학습 습관이 매우 중요합니다. 학습 습관이란 단순히 공부 시간을 정해 놓고 공부하는 것만을 의미하는 것은 아닙니다. 꾸준히 목표 의식을 가지고 학습하는 태도, 그리고 그 과정에서의 집중력과 끈기 등 이 모든 것들이 학습 습관에 포함됩니다. 이러한 습관을 중학교 시절부터 천천히, 하지만 꾸준히 기르게 되면 고등학교에서의 큰 부담 속에서도 원활하게 학업을 이어 나갈 수 있습니다.

자기 주도적인 학습을 위한 다양한 방법을 탐색하는 것이 좋습니다. 학교 수업 이외에도 온라인학습 도구 등 다양한 학습 방법을 시도해보며 자신에게 맞는 방법을 찾아내는 것이 좋습니다. 자기 주도적 학습은 학생이 스스로의 학습 목표를 설정하고, 그 목표를 향해 스스로 학습하는 과정을 통해 이루어집니다. 이는 학생의 독립적 사고력과 문제 해결 능력을 크게 향상시킬 수 있습니다. 하지만, 모든 학생이 같은 방식으로 학습하는 것은 아닙니다. 따라서 학생 각자에게 맞는 학습 방법을 찾는 것이 필요합니다.

앞서 말했듯 이를 위해 학교의 수업 이외에도 다양한 학습 도구와 방법을 시도해 볼 필요가 있습니다. 최근에는 AI 기반의 튜터링 시스템과 같은 첨단 기술을 활용한 맞춤형 학습 도구들이 등장하고 있습니다. 이러한 온라인학습 도구들은 학생의 학습 능력과 스타일에 맞게 교육 콘텐츠를 제공하며, 학생 스스로의 학습 속도와 방향을 결정할 수 있게 도와줍니다. 따라서 학생들에게 다양한 학습 방법을 제안하고 시도해보게 하는 것이 중요합니다. 학생들이 스스로에게 맞는 학습 방법을 찾아냄으로써, 더욱 효과적이고 즐거운 학습을 경험할 수 있을 것입니다.

교육 분야에서는 교육 제도나 평가 방식의 변화가 빈번하게 이루어지고 있습니다. 이러한 변화의 흐름 속에서 학생들은 새로운 시스템과 방식에 빠르게 적응해야 하며, 때로는 그 변화를 이끌어 나가는 주체가 되어야 합니다. 이렇게 빠르게 변화하는 환경에서 가장 중요한 것은 유연한 사고력입니다. 유연한 사고력을 갖춘 학생들은 변화에 대한 두려움 없이 새로운 것을 받아들이고, 그 변화를 자신의 것으로 만들어 나갈 수 있습니다. 또한 변화의 흐름을 빠르게 파악하고 적응하는 능력도 중요합니다. 변화에 대응할 수 있는 이러한 능력은 학생들이 미래 사회에서 리더로서의 역할을 해낼 수 있게 할 것입니다.

통합 수능에 대비하기

2028학년도부터 시행될 통합형 수능은 국어, 수학, 영어 영역에서 선택과목 없이 동일한 내용과 기준으로 평가가 이루어질 예정입니다. 이러한 변화는 학생들에게 공평한 평가 환경을 제공하고자 하는 취지에서 이루어지는 변화입니다.

국어, 수학, 영어 각 영역에서 동일한 기준으로 평가된다는 것은 기본적인 개념을 탄탄히 다져야 한다는 것을 의미합니다. 이를 위해 학교 교과서와 교재를 철저히 이해하는 것이 필요하며, 지속적으로 이전에 배운 내용을 복습하면서 학습의 흐름을 유지하는 것이 중요합니다. 이는 시험 전에 갑작스러운 부담을 줄여 줍니다. 또한 변화된 수능 체제에 맞춰진 모의평가를 통해 실전 감각을 익히고, 약점을 파악하여 보완할 수 있게 해야 합니다.

2028학년도 수능 체제의 가장 큰 변화 중 하나는 '통합사회' 과목의 도입입니다. 이는 사회, 경제, 지리, 문화 등 다양한 분야를 포괄하게 됩니다. 지금까지의 시험은 각 과목에 초점을 맞춘 지식 암기 위주로 평가되었지만, 새로운 통합형 수능에서는 그 방식이 크게 바뀝니다. 이러한 변화의 핵심은 바로 '융합평가'입니다. 개별과목의 지식을 넘어서, 사회와 과학의 전반적인 내용에 대한 이해와 그 연결점을 중점적으로 평가하는 것입니다. 그리고 무엇보다도 논리적 사고 역량을 향상시키는 것이 강조됩니다. 이처럼 통합사회는 여러 분야를 포괄하므로, 다양한 분야의 지식을 폭넓게 습득하는 것이 중요합니다. 단순 암기가 아닌, 정보를 연결하고 분석하는 논리적 사고 능력을 키우기 위한 다양한 훈련이 필요할 것입니다. 토론, 논술, 그리고 문제 해결을 위한 다양한 활동을 통해 논리적 사고 능력을 향상시킬 수 있습니다.

'통합과학' 과목의 적용도 중요한 변화입니다. 이제 물리, 화학, 생물, 지구과학과 같은 개별과목만을 대상으로 공부하는 것이 아니라, 여러 과학 분야를 포괄적으로 이해하고 평가받게 됩니다. 통합과학의 도입은 아이들이 단순 암기 위주의 학습에서 벗어나, 다양한 과학 분야의 지식을 연결하며 논리적으로 사고하는 능력을 기르도록 유도합니다. 이는 21세기 현대 사회에서 점점 더 중요해지는 융합적 사고 능력의 향상을 위한 것입니다. 개별과목에 국한된 교재나 학습법만을 사용하는 것이 아니라, 폭넓은 과학 분야의 지식을 연결하고 통합적으로 이해할 수 있는 다양한 자료와 방법을 활용하는 학습이 필요합니다. 통합과학은 이론만을 중심으로 하지 않고, 실제 생활과 연결된 문제 해결 능력을 중점적으로 강조합니다. 따라서 제시되는 다양한 과학적 현상이나 문제를 해결하는 과정에서 논리적 사고력을 기르도록 도와주는 것이 중요합니다.

2028 통합 수능은 핵심 내용 중심의 평가이기 때문에 기본 개념과 이론을 확실히 이해하고 있어야 합니다. 그러기 위해 일상에서 다양한 사회·과학 관련 이슈나 문제를 함께 논의하여 논리적 사고력을 기르는 것이 중요합니다. '통합사회'와 '통합과학'은 결과적으로 중학교 교육과정의 토대에서 심화되는 내용이기 때문에 중학교 과정의 사회와 과학에 대해 충분히 이해하고 정리하는 것이 가장 중요합니다.

4부

디지털 시대, 미래교육이 온다

1장

미래교육,
우리 아이 맞춤 교육으로
재설계하라

평균의 함정에 빠진
근대식 학교의 문제

현재의 학교 시스템은 근대화의 시작과 함께 탄생하였습니다. 학교라는 형태로 모든 국민을 대상으로 교육을 제공하는 공교육 시스템이 도입된 시기는 19세기 말입니다. 모든 국민에게 동일한 학교교육을 제공하는 제도를 '단선형 학제(Single Ladder System)'라고 하는데, 단선형 학제는 제1차 세계대전을 계기로 크게 진전한 유럽의 '통일학교 운동'의 결과입니다. 통일학교 운동은 모든 국민에게 교육의 기회를 균등하게 제공하기 위한 교육 개혁 운동으로, 영국이 1944년에 학교 제도의 내용을 담은 교육법을 제정한 것, 프랑스가 1959년에 의무교육을 10년으로 하며 5년의 초등학교 위에 중등학교를 두는 교육 개혁을 이뤄낸 것 모두 통일학교 운동의 이념을 반영한 것입니다.

학교 제도가 양적으로 성장하여 교육 기회의 확대에 긍정적인 영향을 미쳤음에도 불구하고, 근대식 학교 제도에 대한 문제 제기는 지속적으로 이루어져 왔습니다. 많은 학생을 효율적으로 가르치기 위한 근대식 학교 제도는 2차 산업혁명으로 등장한 대량생산 체제의 공장과 닮았습니다. 한마디로 '대량교육 체제'라고 볼 수 있습니다. 20세기 초, 프레드릭 윈슬로 테일러(Frederick Winslow Taylor)는 공장에서 더 높은 성과와 수익을 얻을 방법을 연구한 끝에 '과학적 관리론'을 고안합니다. 그는 효율성과 생산성을 높이고자 시간과 동작을 분석하는 연구를 진행해 공장에서의 '분업화'와 '전문화'를 구현했습니다.

포드자동차의 설립자인 헨리 포드(Henry Ford)는 당시 과학적 관리론을 공장에 적용하여 컨베이어 벨트와 표준화된 공정을 통해 대량생산 체제를 완성했습니다. 동일한 생산 공정을 반복하는 '표준화', 각자 자신이 맡은 부분만 담당하는 '분업화', 자신의 일을 완벽하게 해내는 '전문화'를 구현한 것을 '포디즘(Fordism)'이라고 합니다. 하지만 대량생산 공장에서 조직의 능률을 높여 주었던 과학적 관리론은 영화 〈모던 타임즈〉(1936)에서 묘사되었듯이 인간을 기계의 일부인 톱니바퀴처럼 통제함으로써 부정적으로 인식되기도 했습니다.

이러한 과학적 관리론과 포디즘에 기반을 둔 근대식 학교 제도는 공장의 컨베이어 벨트를 학교의 학년제로 구현하였고, 표준화된 공정을 국가 교육과정으로 만들어 냈습니다. 학생들은 자동차의 부품이 조립되듯이 컨베이어 벨트에 올려진 채로 1년 단위로 학년을 이동하게 되었습니다. 교사는 마치 공장의 노동자처럼 동일한 공정에 투입되어 표준화된 수업을 진행합니다. 이러한 대량교육 시스템에서 중요한 점은 학습의 주체여야 할 학생이 교육의 대상, 즉 객체화된다는 것입니다.

학교는 많은 부분에서 '평균'을 중심으로 돌아갑니다. 학생들의 성적, 능력, 행동 등 모든 것이 평균을 기준으로 평가되곤 합니다. 그런데 이러한 평균의 기준은 정말로 우리 아이들에게 맞는 것일까요? 평균은 대다수의 학생들이 받는 교육의 품질을 나타내는 지표로 사용되곤 합니다. 그러나 이것은 한 학생의 개별적인 능력, 흥미, 잠재력을 무시하는 경향이 있습니다. 모든 학생이 동일한 교육 방식으로 동일한 결과를 얻을 수 없습니다.

평균을 기준으로 하는 학교 시스템은 학생들의 개별적인 차이와 다양성을 무시하고, 이로 인해 학생들의 창의력과 개성이 희생되곤 합니다. 학생들이 단순히 평균에만 충족하는 교육을 받는다면 그들의 무한한 가능성은 어떻게 발휘하기 어렵습니다. 세상에는 '평균'보다 더 중요한 능력과 자질이 요구됩니다. 협업, 창의력, 비판적 사고 등의 능력은 평균적인 교육으로는 쉽게 키울 수 없습니다. 학생들이 신정으로 성공하려면 이러한 능력들을 기르는 교육이 필요합니다.

2차 세계대전 중, 비행기의 사고율이 높아져 큰 문제가 된

적이 있었습니다. 수많은 전문가가 이 사고의 원인을 찾기 위해 노력했지만, 결정적인 해답은 찾지 못했습니다. 그러던 중, 한 연구자가 발견한 사실이 있었습니다. 그것은 바로 비행기 조종석의 문제였습니다. 당시의 조종석은 '성인 남성'의 평균 신체 사이즈를 기준으로 디자인되어 있었습니다. 그러나 실제 조종사들 중 많은 이들이 그 평균에 맞지 않았고, 이로 인해 조종의 어려움과 사고가 발생했던 것입니다. 이후 조종석을 각 조종사의 신체 사이즈에 맞춤형으로 조절할 수 있게 만들었습니다. 이 단순한 변경으로 사고율은 크게 줄었습니다. 이 사례를 통해 '평균'은 항상 최선의 해답이 아님을 알 수 있습니다. 우리 아이들 역시 각각이 독특하고 개별적인 능력과 잠재력을 가지고 있으므로, 그에 따라 창의력과 개성을 키울 수 있는 교육이 필요합니다.

또 다른 2차 세계대전의 한 사례를 소개하겠습니다. 전쟁 중, 많은 비행기가 적군의 총격으로 인해 추락하였습니다. 전문가들은 살아서 귀환한 비행기들의 총 맞은 자리를 분석하여 그 부분을 보강하기로 결정했고, 그 결과 날개와 꼬리 부분이 주로 보강되었습니다. 그러나 이로 인해 추락률이 줄어들지는 않았습니다. 왜일까요? 문제의 핵심은 이것입니다. 사실 살아 돌아온 비행기들이 총을 맞은 부분이 아니라 추락한 비행기들이 총을 맞은 부분, 즉 엔진과 조종석을 보강해야 했던 것입니다. 즉 이것은 살아 돌아온 비행기들의 데이터만을 바탕으로 결정을 내린 것이 생존자 편향의 예시입니다.

생존자 편향은 보이는 성공 사례만을 기준으로 판단하며, 그렇지 않은 다른 중요한 정보나 사례를 간과하는 현상을 말합니다. 그렇다면 우리 학교 제도는 어떻게 이 생존자 편향에 빠져 있을까요? 학교에서는 주로 성적이 우수한 학생들의 데이터와 피드백을 바탕으로 교육 프로그램을 운영하곤 합니다. 이는 마치 살아 돌아온 비행기만의 데이터를 바탕으로 결정을 내리는 것과 유사합니다. 그 결과, 성적이 평균 이하인 학생들이나 다른 어려움을 겪는 학생들의 필요와 어려움은 무시되거나 간과되기 쉽습니다. 우리는 모든 학생의 교육적 요구와 잠재력을 발굴하고 지원하기 위해 학교 제도와 교육 프로그램을 개선해야 합니다. 생존자 편향에 빠지지 않기 위해서는, 학교 내의 모든 학생들의 데이터를 중요하게 생각하고 반영하는 것이 중요합니다.

많은 학부모들이 선택하고 있는 학원도 이러한 생존자 편향에 빠져 있습니다. '우리 학원은 수능 최고 점수자를 배출했습니다', '우리 프로그램을 이수한 학생들의 명문 대학 합격률이 높습니다'. 이러한 광고 문구는 학원들의 성공 사례만을 강조하며, 학생 개개인의 필요와 상황은 간과하는 경향이 있습니다. 성적이 낮아서 특별한 교육적 지원이 필요한 학생, 혹은 그냥 학습 방법이나 속도가 다른 학생들의 경우에는 그들에게 맞는 교육을 제공하기 어렵습니다. 실제로 많은 학원들은 '잘

하는 학생'을 중심으로 교육 프로그램을 운영하며, 그 학생들의 성공 사례를 바탕으로 홍보 활동을 활발히 진행합니다. 이로 인해 맞춤형 교육이라는 교육의 본질이 구현되기 어려운 문제가 발생합니다. 아이의 개별적인 상황과 필요에 따라 최적의 교육 환경을 제공하는 것이 매우 중요합니다.

개인별 맞춤형 교육의 방향

학교교육 시스템을 재설계하려면 방향 설정이 중요한데, 이 연구에서 교육 원형(原形)을 구현하기 위한 목적을 달성하려면 '맞춤형 교육을 통해 모든 학생이 학습에 성공하는 것'을 기본 방향으로 설정할 필요가 있습니다. 그동안 많은 학자와 교육 현장의 교사들이 학교에서 맞춤형 교육을 위해 노력해 왔지만, 여러 장애 요인 탓에 구현되지 못했습니다. 특히 학습자 특성을 고려하지 않은 획일적 교육의 문제점에 대한 비판으로 맞춤형 교육이 대두되어 왔으나, '학습자 진단-맞춤형 처방-평가'의 과정을 아우르는 맞춤형 교육의 정의에 적합한 학교 제도에 대한 연구는 미흡한 실정입니다.

개인별 맞춤형 교육이란 개별 학습자의 학업 성취 수준, 심리 특성, 가정 환경 등을 종합적으로 고려하여 개별 학습자에게 가장 적합한 학습 경험을 제공하는 다양한 방식의 개별화된 교수-학습 지원을 의미합니다. 학교교육에서는 맞춤형 교육의 중요성이 더욱 강조되어야 하며, 지식과 역량을 상호 연결시킬 수 있는 방향으로 맞춤형 교수가 제공되어야 합니다. 이때 지식은 학생들이 각 교과에서 학습하는 교과 지식을 의미하며 역량은 논리적 사고 등과 같은 고차원적인 정신 기능을 의미합니다.

4차 산업혁명의 도래라는 문명사적 변화를 학교 시스템의 총체적인 변화를 일으킬 수 있는 기회로 활용할 필요가 있습니다. 교육 패러다임의 변화에서 가장 중요한 부분은 핵심적인 문제를 파악하여 최종 목표(Goal)를 설정하는 것입니다. 교육 본연(本然)의 관점에서 볼 때, 학교 시스템 혁신의 목표는 "모든 학습자가 원하는 학습에 성공하는 것"입니다. 맞춤형 학습은 "학습자가 본인의 흥미와 소질, 적성, 학습 경험, 학습 속도, 심리적 특성과 가정 환경 등을 종합적으로 고려한 최적화된 환경에서 학습을 하는 것"으로 정의할 수 있습니다. 완전학습(Mastery Learning)은 개별 학습자가 모두 맞춤형 학습을 성공적으로 수행할 때 이루어집니다.

교사의 강의를 중심으로 이루어지는 수업을 혁신하는 맞춤형 학습은 수준에 따라 차별화(Differentiation), 개인화(Individualization), 개별화(Personalization)로 구분할 수 있습니다(U. S. DOE, 2010). 차별화, 개인화, 개별화의 학습 목표, 학습 내용,

수준	차이			
	대상	목표(내용)	수준	방법
강의식	집단	동일	동일	동일
차별화	소그룹	동일	그룹별	그룹별
개인화	개인 학습자	동일	개인별	개인별
개별화	개인 학습자	개인별	개인별	개인별

맞춤형 학습의 수준과 유형
출처 : U. S. DOE, 2010(재구성)

학습 방법을 표로 나타내면 다음과 같습니다. 즉 맞춤형 교육의 최종 형태인 개별화는 개인 학습자가 개인별 목표를 설정하고 개인의 수준에 맞게 가장 적합한 학습 방법을 통해 완전한 학습에 도달하는 것을 의미합니다.

　그동안 맞춤형 학습을 지원하기 위한 다양한 시도가 이루어져 왔지만, 실제 이러한 맞춤형 학습 지원이 제대로 구현되는 데에는 한계가 있었습니다. 맞춤형 학습 지원을 구현하려면 개인별 학습 관리가 필요한데, 이를 위한 교원, 교육과정, 교육평가, 시설과 이러한 것을 가능하게 하는 재정에 있어서 제한이 존재했기 때문입니다. 현재의 교육 패러다임에서 맞춤형 학습이 이루어지려면 학생에 대한 학습자 분석을 토대로 교사가 맞춤형 학습을 지원해야 합니다. 이를 위해 교사의 숫자를 상당히 충원해야 하고, 교육과정과 평가의 제도를 바꾸어야 하며 학습을 위한 시설도 확충되어야 하는데, 이러한 일련의 혁신에는 거의 천문학적 재원이 소요되기 때문입니다.

　개인별 맞춤형 학습의 중요성이 강조되어 왔지만 이를 구현하는 데 보인 여러 한계를 극복할 방법은 4차 산업혁명의 새로운 기술을 활용하는 것입니다. 인공지능과 빅데이터를 활용하여 학습 데이터의 축적과 분석, 다양한 기술을 활용한 개인별 학습 지원과 평가 등을 구현할 수 있는 시스템 구축을 통해 맞춤형 학습을 구현해야 합니다. 이 과정에서 스캐폴딩(scaffolding)을 제공하는 쌍방향 학습 지원이 이루어져야 합니다. 스캐폴딩이란 학습자들이 혼자서 스스로 성취하기 힘든 것을 성취 가능하도록 해 주는 전문가의 도움을 의미합니다. 이는 교수자 또는 동료와의 상호 작용을 통해 학습자에게 제공되는 모든 형태의 지원으로 의미가 확장될 수 있습니다.

　인공지능과 빅데이터 등 디지털 전환에 따른 새로운 테크놀로지는 맞춤형 학습을 가능하게 하는 중요한 수단입니다. 즉 학생의 흥미와 사전 경험, 태도 등을 고려해 학습 속도와 방법을 조정해 주고, 그 결과를 절대평가 방식으로 점검하여 자기주도학습을 도울 수 있도록 활용되어야 합니다. 디지털 전환을 맞이하여 등장한 새로운 기술을 활용하여 쌍방향 의사소통이 가능하도록 설계된 '개인별 맞춤형 학습 지원 시스템'을 개발하여 적용하는 상황이 도래하였습니다.

HTHT(High Touch High Tech) 교육의 중요성

오늘날까지 학교는 모든 시민에게 교과교육 기회를 제공함으로써 모두가 평등한 시민사회를 만드는 역할을 성공적으로 담당해 왔습니다. 즉, 학교가 모두를 대상으로 교육 기회를 제공해 옴으로써 교육 기회의 평등을 구현한 셈이라 할 수 있습니다. 현실적으로 제한된 교육 재정을 통해 가급적 많은 학생의 교육 기회를 넓히는 것은 쉽지 않은 과업이었으나, 2차 산업혁명으로 등장한 대량생산 체제의 공장과 비슷한 형식의 '대량 교육 체제(Mass Education System)'를 도입함으로써 과업을 달성하였습니다. 앞서 말했듯이 이 같은 대량 교육 체제는 포드자동차 설립자인 헨리 포드의 이야기와 동일선상에 있습니다. 이 같은 학교 시스템 안에서 포디즘의 표준화는 국가교육과정, 학년제 등의 형태로 구현되었고, 분업화와 전문화는 관료제 형태로 발현되어 학년 및 교과를 기준으로 한 업무 분장으로 나타났습니다. 교육의 원형(Prototype)을 학습자가 개인별 소질과 적성에 맞는 학습을 하는 것으로 볼 때, 대량 교육 시스템 하에서는 이와 같은 교육의 본질이 적지 않게 훼손되는 결과로 나타났습니다.

이 같이 '평균의 함정'에 빠진 학교는 오랜 기간 동안 유지되어 왔습니다. 표준화한 교육과정은 학습자 수준이나 속도와 무관하게 연령에 맞도록 규정됐습니다. 교육과정을 중심으로 한 학교 운영은 평균을 지향하고, 학습 내용·속도·방법은 평균적인 학생을 가정하고 구성되어 있습니다. 실제 학교 현장에 적용된 교육과정이 평균을 지향하기 때문에 학생 모두에게 맞지 않는 교육이 이뤄지고 있다고 볼 여지가 있습니다. 결과적으로, 학교의 많은 학생이 매시간 이뤄지는 수업 과정에서 소외되는 결과를 초래하게 됩니다. 세계적으로 오랜 기간동안 평균의 함정에 빠진 학교를 혁신하고자 하는 실천적 노력이 지속되어 온 바 있으나, 개인별 맞춤형 교육의 구현은 제한되어 있는 교육 재정이라는 현실에 직면해 대부분 실패로 끝이 났습니다. 요컨대 학교가 평균의 함정으로부터 벗어날 수 있도록 돕기 위한 대안이 절실한 상황이라 할 수 있습니다.

미국의 교육심리학자 벤자민 블룸(Benjamin Bloom)은 학생들에게 맞춤형 학습의 기회를 제공한다면 모든 학생이 학습에 성공할 수 있다는 '완전학습 이론'을 제시했습니다.[1] 완전학습 이론은 모든 학생이 동등한 학습 기회를 가질 수 있도록 하는 것을 목표로 합니다. 완전학습 이론의 핵심은 두 가지입니다. 첫째, 학습에 필요한 시간을 분석하고 줄이는 것입니다. 전통적인 교육에서는 모든 학생에게 동일한 시간을 주어 학습하도록 요구합니다. 그러나 각 학생의 학습 속도와 방식은 다르기 때문에, 동일한 시간 내에 동일한 내용을 완벽하게 이해하는 것은 현실적으로 어렵습니다. 완전학습에서는 학습에 필요한 시간을 분석하고 이를 최소화하기 위해 효과적인 학습 전략과 방법을 적용합니다.

둘째, 개인별로 학습에 사용된 시간을 충분히 제공하는 것입니다. 학생마다 학습하는 데 필요한 시간이 다르므로, 학생들에게 그들이 필요로 하는 만큼의 시간을 제공해야 합니다. 이는 각 학생이 주어진 교육 내용을 완전히 이해하고 습득할 수 있도록 하는 데 중요한 역할을 합니다. 완전학습의 목적은 학생 모두가 학습 목표를 달성하는 것입니다. 전통적인 교육 시스템에서는 일정 시간 동안 일정 내용을 가르치고, 그 시간이 끝나면 다음 내용으로 넘어갑니다. 하지만 완전학습에서는 학생 각자의 속도와 능력에 맞춰 교육을 제공하여, 모든 학생이 해당 내용을 완벽하게 이해하고 습득할 수 있도록 지원합니다.

---

[1]   Benjamin S. Bloom, Learning For Mastery, UCLA, Evaluation Comment Vol.1, 1968

벤자민 블룸의 완전학습 이론
출처 : Benjamin S. Bloom, Learning For Mastery, UCLA, Evaluation Comment Vol.1, 1968

학교교육의 문제를 해결하기 위한 방안으로 교육 분야의 첨단 기술 활용 가능성에 대한 관심이 높아지고 있습니다. 과거에 비해 더욱 효과적으로 개인별 맞춤형 학습을 구현할 수 있을 것이라는 관점에서 교육에서의 첨단 기술 활용이 활발하게 논의되고 있는 것입니다. 특히 AI 기반의 지능형 튜터링 시스템(Intelligent Tutoring System, ITS)은 평균의 함정에 빠진 학교를 개선할 수 있는 방법론으로 주목받고 있습니다. ITS는 학생들의 학습 과정과 결과 데이터를 바탕으로 맞춤형 교육을 지원할 수 있는 도구입니다. 개인별 데이터를 분석해서 학습자의 수준을 진단하고, 서로 다른 목표를 달성할 수 있도록 학습자를 맞춤형으로 지원할 수 있게 됩니다. 이는 벤자민 블룸의 완전학습 모형에 기반을 두고 학습자에게 필요한 시간과 경로를 추천하는 것이라 할 수 있습니다.

ITS의 원리를 실제로 적용한 'AI 보조교사 시스템'은 다양한 방식으로 교수자의 역할을 보조할 수 있습니다. 교수자의 주요 역할인 '수업 설계-교수-학습-평가-기록-피드백'의

교사의 역할	AI 보조교사 시스템
교·수 학습	**수업 보조**
평가	- 수업 중 학생 수준별 맞춤형으로 학습 개념, 내용 이해 위한 설명 지원(동영상 제공) - 학생 수준별 적정 문항 세트 자동 구성 및 출제 - 수업 시간 동안 학생 개인 지도 역할 수행
기록	
피드백	
콘텐츠 생산자	**평가 보조**
다양한 교육 콘텐츠 제작 주력	- 학생 수준별 출제 문항 자동 채점 및 결과 제공 - 학습자별 데이터 분석 결과 기반 개별 진도 관리 - 학생별 수행평가 및 정기고사 평가 결과 제공
+	
학습 조력자	
학습 동기·의지 형성 지원 등 자기 주도 학습 태도 형성 주력	
+	**피드백 보조**
학습 설계자	- 학습자 데이터 분석 결과 기반 맞춤형 피드백 방향 제공 - 교사의 수업지도 방향 개선 피드백 제공
콘텐츠 조합·활용 등 맞춤형 학습설계 주력	
개인별 맞춤형 교육 구현	**기록 보조**
학생 개개인의 관점에서의 비판적 질문, 적극적 경청, 정서적 돌봄 지원 등	- 학생 평가 결과표 초안 작성 제공 - '교과 세부능력 및 특기사항' 작성 시 키워드 제공 - 최종 평가 결과는 교사가 확정 처리

출처: 정제영 외, 미래교육 환경 변화에 대응한 중장기 교육정책 과제 발굴 연구, 이화여대 미래
교육연구소, 2022

과정 중 AI 보조교사 시스템의 도움을 받아 개별화한 교육 관리가 가능하다는 것이 가장 큰 강점입니다. 다시 말해 AI 활용 교육의 의미는 AI 보조교사 시스템을 활용해 교수자 주도의 교육에서 학생 개인별 맞춤형 교육으로 나아갈 수 있다는 것입니다. 즉, 모든 학생이 학습에 성공하고 각자 역량을 기를 수 있는 교육이 바로 미래교육이 지향해야 할 방향입니다.

플립 러닝에 기반한 HTHT 교육

하이터치 하이테크(High Touch High Tech, HTHT) 교육은 인간 교사가 첨단 기술을 잘 활용하여 개인별 맞춤형으로 창의적 학습을 이끌어 내는 교육입니다. 특히 교육 분야에서 인공지능 등 첨단의 기술을 잘 활용하는 것을 포함합니다. 인공지능의 교육적 활용(AI in Education)은 학생 개인이 필요로 하는 수준 학습, 즉 적은 비용으로 맞춤형 개별화 학습을 구현하는 역할을 할 수 있습니다. 현재 에듀테크 산업 분야에서 개발해 다양한 형태로 적용되고 있는 AI 활용 교육 시스템은 학생 수준에 맞춰 성공할 때까지 학습을 지원할 수 있습니다.

인공지능 시대의 미래교육은 나양한 에듀테크를 활용해 지식을 학습하고, 이를 기반으로 창의적 교육이 이루어지는 하이브리드 러닝으로 정의할 수 있습니다. 하이브리드 러닝(Hybrid Learning)이란 인공지능 기술을 적극 활용하되, 창의적 교육은 교사 주도로 학생들과 함께 이루어질 수 있도록 하는 학습 방법으로 교사와 함께하는 하이터치(High Touch) 교육, 에듀테크 기술을 활용한 하이테크(High Tech) 교육의 결합으로 정의할 수 있습니다.

　HTHT 교육은 학교에서 전통적으로 이루어지고 있는 교육 방법을 거꾸로 뒤집는다는 의미의 플립 러닝(Flipped Learning)에 기반하고 있습니다. 전통적인 교육 방식에서는 학생들이 수업 시간에 새로운 지식과 정보를 처음으로 접하고, 이해한 내용을 바탕으로 문제 해결 과정에 지식을 활용합니다. 하지만 플립 러닝은 수업 시간 이전에 자율적인 학습을 통해 수업 내용을 먼저 학습하고, 실제 수업 시간에는 학생들이 스스로 학습한 내용을 바탕으로 교수자와 함께 공동으로 문제 해결과 활동을 수행하는 교육 방법입니다. 플립 러닝은 학생들이 학습하는 과정에서 교수자와 학생 모두가 보다 적극적으로 참여하며, 학생들의 참여도와 학습 효과를 높일 수 있는 교육 방법으로 긍정적인 평가를 받고 있습니다. 이와 같은 플립 러닝이 이루어지는 일반적인 과정을 제시하면 다음과 같습니다.

1 사전학습

– 학생들은 새로운 지식과 정보를 동영상이나 별도의 자료로 스스로 사전학습합니다. 이를 통해 학생들은 새로운 지식과 정보를 스스로 이해하는 선행학습을 합니다.

2 본 수업 시간

– 수업 시간에는 학생들은 선행학습한 내용을 바탕으로 교수자와 함께 문제 해결 활동을 수행합니다. 이를 통해 학생들은 스스로 생각하고 학습한 내용을 활용하며, 교수자와 다른 학생들과 함께 공동으로 문제를 해결하는 경험을 쌓을 수 있습니다.

3 후속학습

– 수업 이후 학생들은 추가적인 학습이 필요한 부분을 스스로 확인하고, 개별적으로 보충학습을 수행합니다. 이를 통해 학생들은 자신의 학습 능력을 강화하고, 보다 높은 학습 성취도를 달성할 수 있습니다.

이러한 플립 러닝은 이제까지 수용된 학습 방식과 비교할 때 차별성을 갖고 있습니다.

첫째, 학습 시간의 활용 면입니다. 종전의 학습 방식에서는 수업 시간에 새로운 개념과 이론을 설명하고, 학생들이 문제를 풀고 실습하도록 했습니다. 반면, 플립 러닝에서는 수업 이전에 먼저 학습 내용을 스스로 학습하고, 수업 시간에는 학생들이 스스로 학습한 내용을 바탕으로 교수자와 함께 공동으로 문제 해결과 활동을 수행하게 됩니다.

둘째, 학생 중심의 학습이 강조됩니다. 이제까지의 학습 방식에서는 대체로 교수자가 수업을 주도하고, 학생들은 교수자가 설명한 내용을 따라가는 형태로 수업이 진행된 바 있습니다. 하지만, 플립 러닝에서는 학생들이 스스로 학습 내용을 파악하고, 문제를 해결하며, 학생 스스로가 중심이 되어 수업이 진행된다는 차이가 나타납니다.

셋째, 개인별 학습이 가능한 적응형 학습입니다. 플립 러닝에서는 학생들이 사전학습을 하며, 이를 토대로 수업 시간에는 교수자가 학생들의 수준과 능력에 맞게 문제를 제시함으로써 학생들이 스스로 생각하며 문제를 해결하도록 지원합니다. 이 같은 과정을 통해 학생들은 자신에게 적합한 학습 방식을 찾게 되고, 적응형 학습을 경험할 수 있게 됩니다.

넷째, 자기 주도 맞춤형 학습입니다. 플립 러닝에서는 학생들이 학습 내용을 스스로 파악하고, 문제를 해결할 수 있습니다. 이러한 과정을 거쳐 학생들은 자신의 학습 능력에 따라 개별적인 학습 계획을 수립하고, 자기 주도적 학습을 할 수 있게 됩니다.

다섯째, 학습 효과의 증대입니다. 플립 러닝에서는 학생들이 사전학습을 하고, 수업 시간에는 문제 해결과 활동을 수행하게 됩니다. 이 같은 활동을 함으로써 학생들은 스스로 생각하고 학습하는 기회를 얻게 되고, 학습 효과를 보다 높일 수 있게 됩니다. 이뿐만 아니라 교수자는 학생들의 학습 내용을 파악하고, 보충학습 등 개별적인 지도를 제공할 수 있게 됩니다.

HTHT 교육은 플립 러닝의 방식을 활용하되 사전학습에 동영상뿐 아니라 다양한 맞춤형 학습 시스템을 활용하는 것입니다. 사전학습은 동영상을 통해서도 이루어질 수 있지만 인공지능과 빅데이터 기반의 지능형 튜터링 시스템(ITS)을 활용하면 지식의 이해와 암기에 더 큰 도움을 받을 수 있습니다. 사전학습의 과정에서 첨단 기술을 활용하여 맞춤형 교육을 구현하는 것을 하이테크 교육이라고 할 수 있습니다. 하이테크 교육은 학습자의 수준을 정확하게 진단하여 완전학습을 할 수 있도록 학습 기회를 제공하고, 학습의 성과에 대해서도 확인할 수 있습니다. 최근 하이테크 교육을 지원하는 다양한 시스템이 개발되고 있습니다. 실제로 교육부는 교과서를 디지털화하여 맞춤형 학습이 가능한 형태인 'AI 디지털 교과서(AI Digital Textbook)'을 학교에 보급할 계획입니다. 챗GPT는 그 자체로 사전학습에 활용될 수 있고, 지능형 튜터링 시스템의 성능을 높이는 솔루션으로 다양한 시스템에 탑재될 수도 있습니다.

하이터치 교육은 사전학습, 본 수업, 후속 학습의 과정에서 학습자의 교육 성과를 이끌어 내는 교수자의 역할을 의미

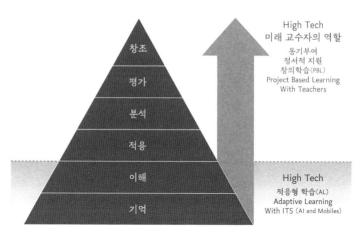

교사가 주도하는 HTHT 교육

합니다. 아무리 좋은 교육 자료와 시스템이 있어도 학생의 학습 동기가 부족하다면 교육의 성과를 기대하기 어렵습니다. 개인별 목표를 설정하고 학습 계획을 수립하는 자기 주도적 학습의 과정을 이끌어 주는 역할이 무엇보다 중요합니다. 이를 위해서는 개별 학생에 대한 정확한 진단 데이터가 필요한데 이를 AI 보조교사가 도와주는 것이라고 할 수 있습니다. 본 수업에서는 학습자가 지식을 바탕으로 적용(Apply), 분석(Analyze), 평가(Evaluate), 창조(Create)의 고차원적 학습을 경험하고, 창의적 학습에 이를 수 있도록 진행하는 것이 필요합니다. 이를 위해 토론, 문제기반 학습, 프로젝트 학습 등의 다양한 창의적 교육 방법을 활용할 수 있습니다. 또한 후속학습 과정에서 학생들이 학습의 결과를 이후의 학습에 이어갈 수 있도록 전이(Transfer)될 수 있도록 지원하는 역할을 수행해야 합니다.

　하이터치 하이테크 교육은 교수자가 다양한 첨단 기술을 활용하여 학생 중심의 학습이 이루어지는 새로운 교육 방식을 의미합니다. 학생들은 스스로 질문하고 타인과 생각을 적극적으로 교환하는 과정 속에서 자신의 생각을 더욱 발전시키고, 보다 깊은 이해에 도달할 수 있습니다. 챗GPT와 같은 생성형 인공지능이나 에듀테크 기술은 하이터치 하이테크 교육의 과정에서 교수자를 돕는 역할과 함께 학습자를 지원하는 역할도 수행할 수 있다는 점에서 미래교육의 중요한 도구로 활용될 수 있을 것입니다.

2장

2022 개정 교육과정과
고교학점제 도입

2022 개정 교육과정의
특징과 주요 내용

교육과정은 개편되는 연도를 앞에 표시하도록 되어 있습니다. '2022 개정 교육과정'은 2022년에 확정된 새로운 교육과정을 의미합니다. 새로운 교육과정 총론이 발표되면 각 교과별 각론이 발표되고, 이후 교과서가 개발됩니다. 이러한 과정을 거쳐서 2022 개정 교육과정은 2025학년도 고등학교 신입생부터 적용됩니다.

2022 개정 교육과정은 기존 2015 개정 교육과정의 내적 한계와 2015년 이후의 시대·사회적 변화를 반영하여 만들어졌습니다. 교육과정 총론이 담고 있는 교육과정 구성의 중점은 다음과 같습니다.

우리나라 초·중등학교 교육과정은 사회 변화와 시대적 요구를 반영하여 지속적으로 개정되고 발전해 왔다. 우리 사회는 새로운 변화와 도전에 직면해 있으며, 이에 대응하기 위해 교육과정을 개정할 필요성이 제기되었다. 교육과정의 변화를 요청하는 주요 배경은 다음과 같다.

첫째, 인공지능 기술 발전에 따른 디지털 전환, 감염병 대유행 및 기후·생태환경 변화, 인구 구조 변화 등에 의해 사회의 불확실성이 증가하고 있다.

둘째, 사회의 복잡성과 다양성이 확대되고 사회적 문제를 해결하기 위한 협력의 필요성이 증가함에 따라 상호 존중과 공동체 의식을 함양하는 것이 더욱 중요해지고 있다.

셋째, 학생 개개인의 특성과 진로에 맞는 학습을 지원해 주는 맞춤형 교육에 대한 요구가 증가하고 있다.

넷째, 교육과정 의사 결정 과정에 다양한 교육 주체들의 참여를 확대하고 교육과정 자율화 및 분권화를 활성화해야 한다는 요구가 높아지고 있다.

이에 그동안의 교육과정 발전 방향을 계승하면서 미래 사회를 살아갈 학생들이 주도적으로 삶을 이끌어 가는 능력을 함양할 수 있도록 교육과정을 구성한다.

이 교육과정은 우리나라 교육과정이 추구해 온 교육 이념과 인간상을 바탕으로, 미래 사회가 요구하는 핵심 역량을 함양하여 포용성과 창의성을 갖춘 주도적인 사람으로 성장하게 하는 데 중점을 둔다.

이를 위한 교육과정 구성의 중점은 다음과 같다.

가. 디지털 전환, 기후·생태환경 변화 등에 따른 미래 사회의 불확실성에 능동적으로 대응할 수 있는 능력과 자신의 삶과 학습을 스스로 이끌어 가는 주도성을 함양한다.

나. 학생 개개인의 인격적 성장을 지원하고, 사회 구성원 모두의 행복을 위해 서로 존중하고 배려하며 협력하는 공동체 의식을 함양한다.

다. 모든 학생이 학습의 기초인 언어·수리·디지털 기초소양을 갖출 수 있도록 하여 학교교육과 평생 학습에서 학습을 지속할 수 있게 한다.

라. 학생들이 자신의 진로와 학습을 주도적으로 설계하고, 적절한 시기에 학습할 수 있도록 학습자 맞춤형 교육과정 체제를 구축한다.

마. 교과 교육에서 깊이 있는 학습을 통해 역량을 함양할 수 있도록 교과 간 연계와 통합, 학생의 삶과 연계된 학습, 학습에 대한 성찰 등을 강화한다.

바. 다양한 학생 참여형 수업을 활성화하고, 문제 해결 및 사

고의 과정을 중시하는 평가를 통해 학습의 질을 개선한
다.

사. 교육과정 자율화·분권화를 기반으로 학교, 교사, 학부모,
시·도 교육청, 교육부 등 교육 주체들 간의 협조 체제를
구축하여 학습자의 특성과 학교 여건에 적합한 학습이 이
루어질 수 있도록 한다.

출처 : 교육부, 초·중등학교 교육과정 총론, 2022

2022 개정 교육과정은 시대적인 변화를 반영하여 인간상
과 핵심 역량도 수정하였습니다. 추구하는 인간상은 '자기 주
도적인 사람, 창의적인 사람, 교양 있는 사람, 더불어 사는 사
람'으로 설정하였습니다. 6대 핵심 역량은 '자기관리 역량, 지
식정보처리 역량, 창의적 사고 역량, 심미적 감성 역량, 협력적
소통 역량, 공동체 역량'으로 제시하였습니다.

우리나라의 교육은 홍익인간의 이념 아래 모든 국민으로 하
여금 인격을 도야하고, 자주적 생활 능력과 민주시민으로서
필요한 자질을 갖추어 인간다운 삶을 영위하고, 민주 국가의
발전과 인류 공영의 이상을 실현할 수 있도록 함을 목적으로
한다.

이러한 교육 이념과 교육 목적을 바탕으로, 이 교육과정이 추구하는 인간상은 다음과 같다.

가. 전인적 성장을 바탕으로 자아정체성을 확립하고 자신의 진로와 삶을 스스로 개척하는 자기 주도적인 사람

나. 폭넓은 기초 능력을 바탕으로 진취적 발상과 도전을 통해 새로운 가치를 창출하는 창의적인 사람

다. 문화적 소양과 다원적 가치에 대한 이해를 바탕으로 인류 문화를 향유하고 발전시키는 교양 있는 사람

라. 공동체 의식을 바탕으로 다양성을 이해하고 서로 존중하며 세계와 소통하는 민주시민으로서 배려와 나눔, 협력을 실천하는 더불어 사는 사람

이 교육과정이 추구하는 인간상을 구현하기 위해 교과 교육과 창의적 체험활동을 포함한 학교교육 전 과정을 통해 중점적으로 기르고자 하는 핵심 역량은 다음과 같다.

가. 자아정체성과 자신감을 가지고 자신의 삶과 진로를 스스로 설계하며 이에 필요한 기초 능력과 자질을 갖추어 자기 주도적으로 살아갈 수 있는 자기관리 역량

나. 문제를 합리적으로 해결하기 위하여 다양한 영역의 지식과 정보를 깊이 있게 이해하고 비판적으로 탐구하며 활용

할 수 있는 지식정보처리 역량

다. 폭넓은 기초 지식을 바탕으로 다양한 전문 분야의 지식, 기술, 경험을 융합적으로 활용하여 새로운 것을 창출하는 창의적 사고 역량

라. 인간에 대한 공감적 이해와 문화적 감수성을 바탕으로 삶의 의미와 가치를 성찰하고 향유하는 심미적 감성 역량

마. 다른 사람의 관점을 존중하고 경청하는 가운데 자신의 생각과 감정을 효과적으로 표현하며 상호협력적인 관계에서 공동의 목적을 구현하는 협력적 소통 역량

바. 지역·국가·세계 공동체의 구성원에게 요구되는 개방적·포용적 가치와 태도로 지속 가능한 인류 공동체 발전에 적극적이고 책임감 있게 참여하는 공동체 역량

출처 : 교육부. 초중등학교 교육과정 총론, 2022

2022 개정 교육과정에서는 2009 개정 교육과정 시기에 도입되어 2015 개정 교육과정까지 유지되던 교과 영역이 폐지되었습니다. 이에 따라 기초, 탐구, 체육·예술, 생활·교양이라는 네 가지 영역의 부분은 사라지고, 2022 개정 교육과정에는 교과(군)가 최상위 구분 기준의 역할을 하게 되었습니다. 또한 4차 산업혁명에 대한 대응으로 2015 개정 교육과정에 과목으로 존재하던 정보가 교과(군)로 변동되었으며, 관련 개

설 과목의 숫자도 증가하게 되었습니다.

　고교학점제의 도입을 뒷받침하기 위하여 기존에 학년 단위로 개설·운영되던 교과목이 학기 단위로 운영될 수 있는 근거를 마련하였습니다. 이에 따라 "학생이 학기 단위로 과목을 이수할 수 있도록 편성·운영한다."라는 조항이 교육과정 편성·운영 기준에 추가되었으며, 과목별 학습 분량 역시 학기 집중 이수가 가능하도록 조정되었습니다. 학년 단위 이수에서 학기 단위 이수로의 변화는 과목 명칭과 기본 이수 학점, 이수 학점 증감 범위 등에 연쇄적인 변화를 요청하기 때문에, 2022 개정 교육과정에서는 여러 가지 달라진 점들이 있습니다.

　이와 더불어 2022 개정 교육과정에서는 고등학교 3년간의 전체 이수 학점과 학점 배분의 구조 역시 재조정되었습니다. 고교학점제 추진 과정에서 기존의 204단위를 192학점으로 하향 조정하는 방안이 발표된 바 있기 때문입니다. 이를 반영하여 교과와 창의적 체험활동에 배정된 학점이 각각 180학점에서 174학점으로, 24학점에서 18학점으로 조정되었습니다. 또한 교과 174학점에서 필수 이수 학점을 10학점 축소하는 대신 자율 이수 학점을 확대함으로써 학점제 하에서 학생들의 과목 선택권을 확대하고자 하였습니다.

고교학점제의 주요 내용

우리나라는 2025학년도 고등학교 신입생부터 학점제를 도입할 예정입니다. 고교학점제는 학생의 개인별 능력에 맞는 교육과정 운영의 방식으로 교과별 이수 성취기준에 도달 시 학점을 부여하고, 일정 학점 이수 시 졸업을 인정하는 제도로 정의할 수 있습니다. 이러한 학점제는 일반적으로 미국 등 해외의 고등학교 교육과정에서 이루어지고 있는 교육 형태이며, 우리나라 대학에서 운영되는 학점제와도 유사한 제도입니다. 고교학점제를 통해 고등학생은 대학 입시나 취업 등의 진로를 고려하여 졸업 이수 학점을 선택적으로 취득함으로써 고등학교를 졸업할 수 있습니다.

고교학점제에서는 현재 제한적으로 주어지는 과목 선택이 보다 광범위하게 보장됨으로써 학생 맞춤형 교육이 실현될 수 있습니다. 학생들은 개인적 목표에 맞추어 개인별로 학습 계획을 수립하고 이에 따라 필요한 과목을 학년에 상관없이 수강할 수 있습니다. 학생의 과목 선택은 기본적으로 소속 학교의 물리적 공간 내에서만 이루어지지만 학교 간 공동 개설, 학교 밖 학습경험 인정 시스템 및 온라인학습 플랫폼을 통해 보다 자유롭게 실현될 수 있습니다.

학교별로 제공하는 교육과정은 확정된 것이 아니라 학생 수요를 적극적으로 수용하여 신규과목 개설과 기존과목 폐강이 자유롭게 이루어집니다. 담임교사의 역할도 변화하게 되는데 기존의 학생 지도 차원의 담임교사 역할보다는 학생의 진로 및 학습설계를 지원하는 컨설턴트 역할이 강조됩니다.

학생들은 기존의 수업 일수가 아닌 학점 취득 여부에 따라 졸업요건을 취득할 수 있게 됩니다. 특정 과목의 학점 취득 여부는 기존처럼 출석 여부가 아니라 과목별로 설정된 최저 학력 수준을 취득하였는지 여부에 따라 결정됩니다.

이러한 고교학점제가 안정적으로 정착되기 위해서는 우선 적으로 학교별로 교육과정 운영의 자율성이 확대되어야 합니다. 학생 측면에서는 고등학교 선택 과정에서 학교의 교육과 정을 바탕으로 학교 선정이 이루어지기 때문에 학교 선택권이 실질적으로 보장되어야 합니다. 모든 고등학교가 동일한 교육 과정을 제공할 수도 없고 학교별 자율성에 따라 특정 학년에 대해 수강할 수 있는 과목을 정하는 등 학교별 특성이 강해질

	단계적 이행			전면 적용
	2021	2022	2023~2024	2025~
수업량 기준	단위		학점	학점
1학점 수업량	50분 17(16+1)회		50분 17(16+1)회	50분 16회
총 이수 학점 (이수 시간)	204단위 (2,890시간)		192학점 (2,720시간)	192학점 (2,560시간)

고교학점제 단계적 이행 로드맵

출처: 교육부, 2025년 고교학점제 전면 적용을 위한 단계적 이행 계획(안)(2022-2024), 2021

것이기 때문입니다.

이상의 변화에 따라 2022 개정 교육과정에 따라 달라지는 교육과정 운영 체제를 정리하면 다음과 같습니다. 1학점에 해당하는 교과 수업 횟수는 감축되나, 현행 수업 일수(190일 이상, 초중등 교육법시행령 제45조)는 유지하여 학교가 교과 융합 수업, 미이수 보충지도 등 다양한 프로그램 자율적으로 운영할 수 있습니다.

3장

2025 AI 디지털 교과서가 가져올 변화

인공지능(AI) 디지털 교과서의
도입 계획

인공지능 디지털 교과서는 디지털 교육 혁신의 일환으로 추진되고 있습니다. 교육부는 2025년부터 수학, 영어, 정보, 국어(특수 교육) 교과에 인공지능 디지털 교과서를 우선 도입하고, 2028년까지 국어, 사회, 역사, 과학, 기술·가정 등으로 확대할 계획입니다. 인공지능(AI) 디지털 교과서는 학생 데이터 기반의 '맞춤' 학습 콘텐츠를 제공할 뿐만 아니라 특수 교육 대상 학생과 장애 교원을 위한 화면 해설과 자막 기능, 다문화 학생을 위한 다국어 번역 기능도 지원하게 됩니다.

교육부는 2022 개정 교육과정을 반영한 양질의 인공지능 디지털 교과서가 개발될 수 있도록 교과서 개발 경험을 보유한 발행사와 신기술을 보유한 에듀테크 기업이 협업할 수 있도록 하였습니다. 심사에 합격한 인공지능 디지털 교과서는

6개월간 안정성, 신뢰성, 적합성을 검토한 후에 현장에 보급할 예정이며, 성공적인 현장 안착을 위해 수학, 영어, 정보, 국어(특수교육) 과목 교사 연수, 맞춤형 교수·학습방법 개발 등도 함께 추진하게 됩니다.

한편, 학생들이 디지털 교과서를 건강하게 사용할 수 있도록 발행사 및 에듀테크 기업은 개발 시 유해 콘텐츠 차단 등 윤리 원칙을 준수해야 합니다. 학교는 2022 개정 교육과정에 따라 디지털 소양 교육을 포함하여 정보 평가, 정보통신 윤리, 과몰입 예방 등 디지털 문해력 향상을 위한 교육을 실시해야 합니다. 또한, 원활한 현장 안착을 위해 사용자 의견 수렴 절차를 별도로 마련하고 현장의 요구를 충분히 수렴하여 설계에 반영할 예정입니다.

인공지능 디지털 교과서 도입으로 학생은 학습 수준·속도에 맞는 배움으로 학습에 자신감을 갖게 되고, 학부모는 풍부한 학습정보를 바탕으로 자녀를 더 깊이 이해할 수 있게 됩니다. 또한 교사는 학생의 인간적 성장에 더 집중할 수 있어 우리 교실은 학생 참여 중심의 맞춤 교육이 이루어지는 학습 공간이 될 것으로 기대됩니다.

인공지능(AI) 디지털 교과서의
주요 기능

교육부는 2023년 8월 30일 〈인공지능 디지털 교과서 개발 지침〉을 발표하였습니다. 이에 따라 민간의 에듀테크 개발사들은 인공지능 디지털 교과서 개발에 본격 돌입하게 되었습니다. 개발 지침은 민간이 자율성·창의성을 바탕으로 다양하고 질 높은 인공지능 디지털 교과서를 개발하여 '인공지능 기반 맞춤형 학습지원'을 구현할 수 있도록 학습 데이터 수집 및 관리, 기반(인프라) 구축 등 핵심 기능을 중심으로 구성되었습니다. 인공지능 디지털 교과서는 학생과 교사에게 초점을 맞추어 기능을 설계하였고, 학생과 교사, 학부모의 효과적인 소통을 지원하는 기능도 강조를 하고 있습니다.

첫째, 학생 중심의 맞춤 학습을 지원하는 AI 튜터 기능을 최우선으로 탑재합니다. 학생의 개별적인 학습 진단 및 분석 기능입니다. AI는 학생의 학습 태도, 강점 및 약점 등을 세밀하게 진단합니다. 이를 통해 학생 개개인에게 가장 적합한 학습 방법과 콘텐츠를 제시하고 개인별로 최적의 학습 경로를 추천합니다. 각 학생의 능력과 목표를 고려하여 최적의 학습 경로를 추천하며, 이에 따라 필요한 학습 콘텐츠도 제공됩니다. AI 튜터는 학습 데이터를 기반으로 학생의 개별적인 특성과 필요에 맞는 학습 지원을 제공합니다. 학습 진도 모니터링, 오답노트 제공, 질의응답 등 다양한 기능이 포함됩니다.

둘째, 교사의 전문성을 잘 발휘할 수 있도록 디지털로 지원하는 AI 보조교사 기능을 반영합니다. AI는 교사에게 학생별 학습 활동 정보를 제공, 이를 통해 교사는 더욱 효과적인 수업 설계가 가능해집니다. AI 디지털 교과서의 콘텐츠를 교사의 전문성을 바탕으로 수업별로 재구성하거나 추가할 수 있습니다. 교사는 데이터에 기반하여 학생들의 개인별 학습을 관리할 수 있습니다. 학생의 학습 이력과 같은 데이터를 기반으로, 학습 상황과 학업 정서를 관리하는 기능을 제공합니다.

셋째, 학생과 교사, 학부모 간의 효과적인 소통 지원을 강화합니다. 학생 데이터 분석 결과를 시각화한 대시보드를 제공하여 교육 주체 간의 객관적인 소통을 활성화합니다. 통합 로그인 시스템을 탑재해 하나의 계정으로 AI 디지털 교과서 포털과 각 발행사의 디지털 교과서를 이용할 수 있습니다. 통합 인증 체계가 제공되며, 이에 대한 안내서와 기술 지원도 예정되어 있습니다. 모든 사용자가 쉽고 편리하게 서비스를 사용할 수 있도록 UI/UX를 설계하게 됩니다. 특수교육 대상 학생 및 장애 교원을 위한 특별한 기능도 제공됩니다.

아울러, 인공지능 디지털 교과서가 유연한 인공지능 기능 확장을 통한 핵심 서비스 구현을 위해 인터넷 기반 자원 공유(클라우드) 기반(SaaS)으로 개발되는 점을 고려하여, 개발 지침에 보안인증 기준 관련 준수 사항 등을 제시하고 개발사가 학생들의 학적 정보 및 학습 데이터 등을 안전하게 관리할 수 있도록 하였습니다.

인공지능(AI) 디지털 교과서의
최종 목표

개인별 맞춤형 교육을 구현하기 위한 하이테크의 핵심은 'AI 튜터링 시스템'이라고 할 수 있습니다. 인간 교수자의 부족한 역할을 컴퓨터 시스템을 통해서 구현하고자 하는 노력은 1950년대부터 시작되었습니다. 1950년대에 Linear Programs를 시작으로, 1960년대의 Branching Programs와 Generative Computer Assisted Instruction(CAI)을 거쳐서 1980년대부터는 인공지능을 이용한 지능형 튜터링 시스템 연구가 진행되고 있습니다.

궁극적으로 지능형 튜터링 시스템이 지향하는 바는 인간 교수자의 역할을 컴퓨터 시스템으로 구현하여 학습자가 해당 분야의 지식을 효과적으로 습득할 수 있도록 돕는 것입니다. 좋은 인간 교수자의 역할을 해당 분야의 전문가적 지식을 바

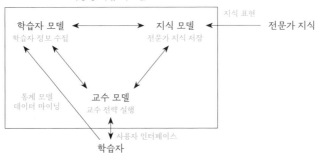

지능형 튜터링 시스템(ITS)의 일반적인 구조

탕으로(What), 개개인의 학습자를 잘 파악하여(Who), 각각의 학습자들에게 최적화된 교수 방법을 통해서(How) 지식을 전달하는 것이라 한다면, 지능형 튜터링 시스템 역시 이러한 요소들을 갖추어야만 할 것입니다. 다시 말해, 지능형 튜터링 시스템은 '전달하고자 하는 전문적인 지식(What is being taught), 학습자에 대한 지식(Who is being taught), 교수 방법에 대한 지식(How to teach him/her)' 등을 시스템 내부에 데이터의 형태로 체계적으로 표현하고 또한 그렇게 내부적으로 표현된 지식을 목적에 맞게 사용할 수 있어야 합니다.

　이러한 요소들은 지능형 튜터링 시스템의 구조를 논하는 문헌들에서 각각 지식 모델(Knowledge Model), 학습자 모델(Student Model), 그리고 교수자 모델(Tutoring Model)로 나누어 설명되고 있습니다. 몇몇 연구에서는 위 세 가지 요소에 사용자 인터페이스(User Interface)를 더하여 네 가지 요소로 나누어 설명하기도 합니다. 그림은 지식, 학습자, 교수자 모델로 구성되는 일반적인 지능형 튜터링 시스템의 구조를 나타내고 있습니다.

이미 오래 전에 소개되었던 지능형 튜터링 시스템은 매우 기초적인 시스템과 데이터에 기반하여 단순한 인터페이스를 가지고 있었던 상황이었습니다. 하지만 최근에는 컴퓨터 성능의 발전, 빅데이터의 축적과 분석적 활용, 클라우드 컴퓨팅 기술의 비약적 발전 등을 통해 다양한 과목에서 상당히 빠른 속도로 발전되어 활용되고 있습니다.

미국 카네기멜론 대학의 매시아(MATHia)는 미국의 K-12 학생들을 위해 개발된 인공지능 기반의 맞춤형 수학 학습 시스템입니다. 학생들이 매시아 시스템에 구성되어 있는 수학 문제들을 순서대로 풀어 나갈 때 시스템은 학생들의 주제별 학습 성취와 학생들의 오개념을 확인하고 맞춤형 학습 과정에 대해 마치 학생별 개인 코치처럼 지도합니다. 매시아 시스템은 빅데이터 분석에 기반한 자동화된 피드백을 제공하는데, 학생들이 왜 틀렸는지에 대해 설명하는 것뿐만 아니라 어떻게 옳은 답을 할 수 있는지에 대해서도 설명을 제공합니다. 학생들은 자연스럽게 MOOC 환경에 대비할 수 있으며 학생 관리의

효용성을 높일 수 있는 것으로 보고 있습니다. [2]

대화형 튜터링 시스템(Dialogue-Based Tutoring Systems, DBTS)은 ITS에 대화 기능을 추가한 새로운 버전입니다. 보통의 ITS는 학습 교재나 학습 활동들을 개인별 맞춤형으로 제시하는 반면, 대화형 튜터링 시스템은 학생들을 학습 주제에 대한 대화에 참여시킨다는 점에서 대부분의 ITS와 차별점이 있습니다. 맴피스 대학에서 개발한 오토튜터(AutoTutor)는 컴퓨터공학, 물리학, 생물학, 비판적 사고 등의 교과에서 학생들이 온라인 과제를 단계적으로 수행할 때 교수나 학생 사이의 대화를 가상으로 구현하여 학생들이 상세한 응답을 통해 보다 깊이 이해할 수 있도록 도움을 주는 대화형 튜터링 시스템입니다. 오토튜터의 맞춤형 학습은 학생들이 스스로 주어진 문제에 대한 올바른 답을 발견할 수 있도록 안내하여 수업 상황의 대화에 참여하도록 도움을 줍니다. 특히 대화를 통해 전문 영역의 지식을 학습할 수 있도록 지원해 준다는 점에서 매우 효과적인 학습 결과를 도출할 수 있다는 점에서 주목을 받고 있습니다.

IBM과 피어슨(Pearson)이 협력해 개발한 왓슨 튜터는 가장 유명한 대화형 튜터링 시스템의 하나라고 할 수 있습니다. 왓슨 튜터는 피어슨의 고등 교육 교육용 프로그램인 레벨

---

[2] 정제영, 포스트 코로나 시대의 미래교육: 비대면 지능형 교육 기술의 동향. 융합연구리뷰, 7(3). 3-30, 2021

(REVEL)에 통합되어 출시되었습니다. 학생들은 복습하는 세션에서 대화의 방식으로 학습을 진행합니다. 학습의 보조 내용을 제공하고, 학생들의 진전 과정을 기록하고, 학생들의 답과 주제 습득 정도에 따른 분류에 따라 맞춤형 대화를 제공합니다. 왓슨 튜터의 중요한 기능은 학습목표와 수행목표, 학습목표 사이의 관계를 나타내는 지식 그래프, 주요 질문과 답변, 주장, 주장에 대한 힌트 질문, 빈칸 채우기 질문으로 이루어져 있습니다. 왓슨 튜터는 교수 모델로 소크라테스의 대화법을 사용한다고 밝히고 있는데, 대화 관리자로서 구현하고, 대화식 접근을 반복해 실행 목표로 나아가도록 인도하는 것입니다. 학습자 모델은 학생들의 숙련도 평가, 개방적 학습자 모델(Open Learner Model)의 역할도 수행하고 있습니다. 개방적 학습자 모델은 학습자의 학습 데이터 분석을 통해 시스템 자체를 개선하는 역할을 수행하는 것입니다.

탐구학습 시스템(Exploratory Learning Environments, ELEs)은 구성주의적 접근 방식으로 학생이 학습 환경의 요소를 탐구하고 조작해 지식을 적극적으로 구성하도록 권장하는 시스템입니다. 학습자가 원하는 대로 탐구할 수 있는 비정형적이고 개방적인 학습 환경을 제공한다는 특징을 갖고 있습니다. 정형화된 학습 경로를 제시하고 있는 기존의 ITS와 다른 점이 바로 학습자 스스로 학습의 경로를 만들어 간다는 점입니다. ELE에서는 올바른 행동에 대한 명확한 정의가 어렵다는 문제를 해결하기 위해 비지도학습(데이터와 학습 성과를 바탕으로 유사하게 학습하는 학생들을 범주화하는 방식의 머신 러닝 기법)을 활용하고 있습니다. 범주화의 과정을 통해 새로운 학습자를 분류하고 더 높은 성과를 달성하도록 실시간으로 적응적 학습을 유도하는 것입니다.

자동 서술형평가(Automatic Writing Evaluation, AWE)는 '자연어 처리'와 '의미 처리' 기술을 활용하여 시스템에 제출된 학생의 글에 대해 자동적으로 평가와 피드백을 제공하는 시스템입니다. 지능형 튜터링 시스템, 대화형 튜터링 시스템, 탐구학습 시스템은 AWE와 달리 학생들이 즉각적인 맞춤형 지원을 받으며 개인 맞춤화된 학습 경로를 따르고 있습니다. 하지만 AWE는 두 가지 접근법을 활용합니다.

첫째, 형성평가적 접근법은 학생들이 최종 평가를 받기 위해 본인의 글을 제출하기 전에 본인이 쓴 글을 개선할 수 있도록 잘못된 부분이나 개선이 필요한 부분을 알려 주는 것입니다. 둘째, 총괄평가적 접근법은 학생의 글을 평가의 결과를 최종적인 성적으로 평정하기 위한 것입니다. 기존에 개발된 서술형평가는 대부분 피드백보다는 성적의 평정에 기울어져 왔습니다. 교실에서 이루어지는 저부담 평가뿐만 아니라 전국 단위의 고부담 평가에서도 AWE가 사용되고 있습니다. 자동화된 언어 판독 기술은 AWE가 획기적으로 발전하는 데 큰 역할을 수행했습니다.

AI 기술의 비약적인 발전으로 다양한 기술이 접목된 인공지능 디지털 교과서가 개발될 수 있는 조건이 형성되었습니다. 우리나라에서 2025년에 도입되는 인공지능 디지털 교과서는 공교육에서는 최초의 전면적인 도입으로 볼 수 있습니다. 학생들의 학습 수준과 속도에 맞는 개별화된 교육이 구현되기를 기대합니다.

5부

미래교육에
대비하는 자세

1장

디지털 전환과
인공지능 시대 이해하기

디지털 전환

디지털 대전환이란, 기술의 발전과 디지털화를 중심으로 한 사회와 경제의 근본적인 변화를 의미합니다. 스마트폰, 인터넷, 인공지능, 빅데이터 등과 같은 기술이 우리 일상생활의 많은 부분에 스며들어 우리가 일하고, 생각하고, 소통하는 방식을 변화시키고 있습니다. OECD는 디지털 기술의 활용이 비즈니스 모델의 확산을 이끌며, 이로 인해 생산성 향상이 일어나는 것을 보고하였습니다. 이는 디지털 기술이 우리 사회와 경제에 얼마나 중요한 영향을 미치는지를 보여 줍니다.

코로나19 팬데믹은 우리의 일상, 학교, 직장, 소통 방식 등 다양한 분야에 큰 영향을 미쳤습니다. 사회적 거리두기와 재택근무, 원격 학습 등의 방식이 일상화되면서 디지털 기술의 중요성이 점차 부각되었습니다. 팬데믹 초기, 디지털 기술은 주로 산업 분야에서의 활용을 중심으로 주목받았습니다. 예를 들면 원격 회의, 클라우드 컴퓨팅, 데이터 분석 등의 기술이 비즈니스 환경에서 강조되었습니다. 그러나 시간이 흘러가며 디지털 기술의 활용 범위는 훨씬 넓어졌습니다.

우리 사회는 20년을 주기로 디지털 혁신이 이루어져 왔습니다. 1980년대 전후의 시기를 전산화 시기라고 표현할 수 있습니다. 전산화는 주로 아날로그 형태의 정보를 디지털 형식으로 변환하는 과정을 말합니다. 이 시기에 우리는 종이에 적힌 문서나 사진 등을 컴퓨터 안에 저장하는 과정을 경험하였습니다. 전환될 정보와 영역을 어떻게 선정하고, 어떤 방식으로 전환할 것인지 결정하는 것이 핵심 과제였습니다. 이 단계에서는 디지털 변환에 초점을 맞추어졌습니다. 당시에는 주로 어떤 정보나 자료가 디지털로 변환될 수 있을지, 그리고 그 변환의 필요성과 효과에 대해 주목하였습니다.

2000년대 전후의 시기를 디지털화 시기라고 표현할 수 있습니다. 디지털화는 디지털 정보를 활용하여 비즈니스나 서비스 모델을 변경하는 과정입니다. 기존의 방식을 효율적으로 개선하거나 새로운 방식을 도입하는 것을 포함합니다. 디지털 기술의 투자, 새로운 수익원을 어떻게 확보할 것인지, 고객과의 소통과 참여를 어떻게 활성화할 것인지를 고려해야 합니다. 비즈니스 모델의 변화에 따른 효과, 성과지표(KPI), 그리고 투자 대비 수익(ROI)을 중점적으로 검토하고 추진되었습니다.

2020년 전후를 지나면서 우리는 디지털 전환(Digital Transformation)의 시대를 맞이하였습니다. 디지털 전환은 단순한 기술의 적용을 넘어서 조직 전체의 변화를 추구하는 것입니다. 이는 기존의 방식, 조직 문화, 그리고 비즈니스 모델을 포함한 전반적인 변화를 포함합니다. 조직의 전사적인 변화를 위해서는 기술뿐만 아니라 조직과 구성원 모두에 대한 투자와 교육, 그리고 고객의 니즈에 대한 선제적 대응이 필요합니다. 여기서는 '디지털 우선(Digital First)'의 관점을 가지게 됩니다. 조직 내의 고객과 직원의 경험, 운영의 전환 방식, 그리고 디지털 문화와 준비 상태를 주요 검토 포인트로 두게 됩니다.

학부모로서도 아이들의 원격 학습, 가정에서의 디지털 엔터테인먼트, 온라인 쇼핑 등 일상의 많은 부분에서 디지털 기술의 흔적을 찾아볼 수 있게 되었습니다.

우리 아이들은 디지털 전환의 중심에 서 있습니다. 그들이 성장하며 경험할 세상은 전자적인 정보와 기술로 가득 차 있을 것입니다. 학부모로서 이를 이해하고 아이들을 올바르게 지도하지 않으면, 아이들은 미래 사회에 적응하는 데 어려움을 겪을 수 있습니다. 디지털 시대에는 개인 정보 유출, 사이버 불링, 디지털 중독 등 다양한 문제가 발생하고 있습니다. 이러한 문제에 대한 이해와 아이들에게 올바른 디지털 윤리를 가르쳐 주는 것도 학부모의 중요한 역할입니다.

인공지능 시대의 도래

2016년 세계경제포럼(WEF)에서 처음으로 소개된 "제4차 산업혁명"은 세계적인 변화를 표현하는 용어로 활용되고 있습니다. 인공지능(AI)을 중심으로 하는 기술의 발전은 기존 생산 요소인 노동과 자본을 압도하는 산업의 구조 변화를 촉발하고, 사회 전반 엄청난 영향을 미칠 것으로 전망됩니다. 한국지능정보사회진흥원은 지능정보사회를 "인공지능(AI)과 ICBM의 생활화"로 정의합니다. ICBM은 "사물인터넷(Internet of Things, IoT) 센서가 수집한 데이터를 클라우드에 저장하고, 빅데이터(Big data) 분석 기술로 이를 분석해서, 적절한 서비스를 모바일 기기 서비스(Mobile) 형태로 제공하는 것"을 의미합니다.

세계경제포럼의 클라우스 슈밥(Klaus Schwab) 회장은 제3차 산업혁명과 비교하여 제4차 산업혁명이 갖는 질적인 차이를 '속도(Velocity), 범위와 깊이(Breadth and Depth), 총체적 영향력(Systems Impact)'으로 강조했습니다. 인공지능 기반의 지능정보 기술은 기존의 생산 요소를 압도하는 속도로 산업의 구조 변화를 촉발하고, 사회 전반에 걸쳐 엄청난 영향을 미칠 것으로 예상됩니다. 4차 산업혁명 이후의 급속한 사회의 변화에 적극적으로 대응할 수 있는 인재를 양성하기 위하여 교육의 변화가 필요한 상황이라고 할 수 있습니다.

경제협력개발기구(OECD)는 장기적인 관점에서 미래교육의 비전을 제시하고 교육의 궁극적인 목적을 '개인과 사회의 웰빙'으로 제안한 바 있습니다. 2019년에 OECD에서 인공지능 시대의 전략에 대해 회원 36개국과 아르헨티나, 브라질, 콜롬비아, 코스타리카, 페루, 루마니아가 참여하여 'AI에 관한 OECD의 원칙(The OECD AI Principles)'을 발표하였습니다.

---

1. 인공지능은 포용적 성장(Inclusive Growth), 지속 가능한 개발 및 복지(Sustainable development and well-being)를 추진함으로써 사람들과 지구에 이익을 가져다주어야 한다.
2. 인공지능 시스템은 법, 인권, 민주적 가치, 다양성을 존중하는 방식으로 설계되어야 하며 정의롭고 공정한 사회를 위한 안전장치를 포함해야 한다.
3. 사람들이 인공지능 알고리즘에 기반하여 도출한 결과를 이

해하고 그 결과에 도전할 수 있도록 인공지능 시스템에 대해 투명하고 책임감 있게 공개해야 한다.

4. 인공지능 시스템은 수명 주기 내내 강력하고 안전한 방식으로 기능해야 하며 잠재적 위험성을 지속적으로 평가하고 관리해야 한다.

5. 다섯째, 인공지능 시스템을 개발, 구축, 운영하는 기관과 개인은 위의 원칙에 따라 적절히 기능하도록 책임(Accountable)을 져야 한다.

AI에 관한 OECD의 원칙(The OECD AI Principles)
출처 : OECD AI Policy Observatory

미국은 미래 사회를 '인공지능 시대(Era of Artificial Intelligence)'라고 규정하고, 인공지능 영역에서 미국의 리더십을 유지하는 것이 경제 및 국가 안보에 매우 중요하다고 강조하고 있습니다. 국제 사회에서 미국의 리더십을 유지하기 위해 다양한 영역에서의 인공지능 관련 정책을 구상하고 제시하고 있습니다. 백악관은 인공지능 시대에 미국의 리더십을 유지할 수 있도록 AI 관련 연구개발(R&D)을 적극적으로 지원하고, STEM 교육과 AI 관련 교육을 통해 산업의 요구에 맞는 인력을 양성하고, 과도한 규제가 AI 혁신의 장애물이 되지 않도록 개선하며, AI에 대한 시민들의 인식을 개선하는 등 AI와 관련된 연방정부의 노력을 강조하고 있습니다.

생성형 인공지능의 등장

챗GPT를 비롯한 생성형 AI(Generative Artificial Intelligence)의 출현 등 최근 인공지능 기술의 활용이 급격하게 늘어나고 있습니다. 생성형 AI라는 혁신적인 기술의 등장은 전 세계에 큰 변화를 일으키고 있습니다. 생성형 AI는 수백만의 사용자들과 상호 작용하고 다양한 데이터를 처리할 수 있으며, 언어 이해 및 생성 능력의 강화를 통해 다양한 영역에서 사용자들이 손쉽게 정보를 얻고 문제를 해결하는 데 도움을 주는 맞춤형 서비스를 제공할 수 있습니다.

가장 두각을 나타내는 서비스는 '챗GPT'입니다. 출시된 지 단 5일 만에 사용자 수 100만 명을 돌파하고, 두 달 만에는 월 활성 사용자가 1억 명을 넘어섰다고 합니다. 다른 빅테크 서비스와 비교할 수 없을 정도로 빠른 확장세라고 할 수 있습니다. 이러한 혁신에 대해 마이크로소프트의 빌 게이츠(Bill Gates)는 "인터넷 발명만큼 중대한 사건"이라며 평가하였습니다.[1] 그는 특히 이 기술이 보건의료와 교육 분야에서 많은 변화를 가져올 것이라 예상하였습니다.

랜딩 AI와 딥러닝 AI의 창립자이자 구글 연구팀인 '브레인 프로젝트'의 설립자 앤드류 응(Andrew Yan-Tak Ng) 교수는 현대의 중요한 AI 기술에 대해 언급하면서, 곧 우리 모두가 개인적인 AI 비서를 갖게 될 것이라 전망했습니다.[2] 그리고 일본 소프트뱅크그룹의 손정의 회장은 인공지능의 혁명이 예술과 창조성까지 포함하여 폭발적으로 진행되고 있음을 강조하였습니다.[3] 인공지능의 진화 속도를 빠르게 하면 사람들의 불행이 줄어들고 보다 자유로운 사회가 도래할 것이라며 생성형 인공지능의 개발을 긍정적으로 평가하였습니다.

이화여대 미래교육연구소에서는 교육부의 의뢰를 받아 2023년 7월에 '생성형 AI 활용 실태조사'를 실시하였습니다.

---

1   Alex Konrad, Exclusive: Bill Gates On Advising OpenAI, Microsoft And Why AI Is 'The Hottest Topic Of 2023', Forbes, 2023.02.16, https://www.forbes.com/sites/alex-konrad/2023/02/06/bill-gates-openai-microsoft-ai-hottest-topic-2023

2   김지현, 'AI 석학' 앤드루 응, 한국 고수들 만나 "AI, 비서처럼 쓰는 시대 온다", 한국일보, 2023.07.20, https://m.hankookilbo.com/News/Read/A2023072015130003616

3   박상현, 손정의 "인공지능은 전지전능…AI 혁명 폭발적으로 일어나", 연합뉴스, 2023.06.21., https://www.yna.co.kr/view/AKR20230621084500073

이 조사는 지난 2023년 7월에 총 2,019명을 대상으로 진행되었습니다. 그 중 초중고 교사가 300명, 대학 교수는 319명, 학생은 600명 그리고 학부모는 800명이었습니다. 이 중에서 흥미로운 결과가 나왔는데요. 학생들 중 무려 79.2%가 생성형 AI를 사용해 본 경험이 있었습니다. 대학생은 81.5%, 고등학생은 80%, 그리고 중학생까지 76%가 사용하고 있었습니다. 이런 결과를 보면 학부모님들과 교사들에게 AI 사용에 대한 올바른 지도와 이해가 절실함을 알 수 있습니다.

다음으로 교육분야에서 생성형 AI의 영향에 대한 인식을 알아보았습니다. 교사 84.7%, 학생 84.0%, 그리고 학부모 여러분 중에서도 88.3%가 향후 교육 분야에서 AI가 큰 영향을 미칠 것이라고 응답하였습니다. 그런데 여기서 주목해야 할 부분이 있습니다. 교육 분야에서 AI로 인한 부정행위 가능성에 대한 걱정도 굉장히 높았습니다. 교사 86%, 학부모님들은 86.3%, 학생은 83%, 그리고 대학 교수까지 80.6%가 AI가 부정행위에 사용될 수 있을 것이라고 봤습니다. 이를 통해 AI의 긍정적인 영향도 있지만, 동시에 그 부정적인 측면에 대한 관심도 필요하다는 것을 알 수 있습니다.

마지막으로, 교사들이 어떻게 AI를 교육에 활용하는지를 알아보았는데, 초·중·고 교사 중 32.3%는 별도의 지도 없이 AI를 활용하게 하였습니다. 반면 대학 교수의 경우, 57.7%가 AI 사용 시 유의사항을 강조하면서 자유롭게 사용하게 하였습

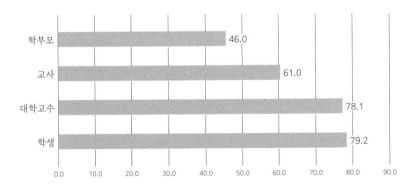

생성형 AI 활용 실태 조사(2023)
출처 : 이화여대 미래교육연구소

니다. 이 결과는 초중고와 대학에서의 AI 활용 방식이 다르다
는 것을 보여 주며, 특히 초중고 학생들에게 올바른 AI 활용에
대한 지도가 필요함을 강조하고 있습니다.

생성형 AI는 그 잠재력이 무궁무진한 반면, 그 사용과 관
련하여 다양한 부정적인 측면과 우려들이 제기되고 있습니다.
윤리적 문제, 표절 및 저작권 침해, 그리고 개인정보의 보안과
데이터 편향 문제가 대표적입니다. 이런 문제점들이 지적됨에
따라 적절한 대응과 규제가 필요하다는 목소리가 커지고 있습
니다.

세계 주요 국가들 역시 이에 대한 대응에 나서고 있습니
다. 유럽연합, 아시아, 미국 등에서는 생성형 AI에 대한 규제
와 정책 논의가 활발하게 진행되고 있는데요. 유럽연합의 유럽
의회에서는 AI 규제에 관한 법안을 가결, 그 중에서도 챗GPT

와 같은 생성형 AI에 투명성을 강화하고, AI로 제작된 콘텐츠에 '인간이 아닌 창작자'임을 명시하도록 하는 규제가 포함되어 있습니다. 또한, AI가 인간의 행동을 분석하여 사회적 신용 점수를 매기는 행위도 엄격하게 금지하고 있습니다. 이를 위반할 경우, 최대 3,000만 유로의 과징금이 부과될 수 있다고 합니다.[4] 그리고 최근 제4차 미-유럽연합 무역기술협의회에서는 AI의 부작용을 방지하기 위한 '자발적 AI 행동강령'에 대한 논의가 있었습니다. 이 협의회에서는 AI를 "변혁적 기술"로 지칭하면서도 그 위험성을 줄여야만 그 기회를 제대로 활용할 수 있을 것이라는 점을 강조했습니다. 특히 미국 국무장관 앤터니 존 블링컨(Antony John Blinken)은 "생성형 AI의 규제가 시급하다."라고 언급하였습니다.[5]

생성형 AI의 긍정적인 잠재력은 물론이고 그 사용에 따른 위험성과 관련된 규제 및 대응이 세계적으로 활발하게 이루어지고 있습니다. 학부모들은 자녀들의 AI 활용에 있어 적절한 지도가 필요하며, 항상 경각심을 가질 필요가 있습니다.

---

[4] 박형수, "수십억 달러 벌금 낼 수도"...세계 첫 AI 규제법, 유럽 초안 통과, 중앙일보, 2023.06.15., https://www.joongang.co.kr/article/25170118#home

[5] 김강국, 미-EU, 챗GPT 부작용 막을 'AI 행동강령' 마련한다, ESG경제, 2023.06.01., https://www.esgeconomy.com/news/articleView.html?idxno=3749

2장

미래 인재의 핵심 역량

전통적인 역량:
3R's, 신언서판, KSA

교육에서 가장 중요한 기초 학습 역량으로 강조되어 온 것은 '3R's'입니다. '3R's'란 Reading, wRiting, aRithmetic 즉, '읽기', '쓰기', '셈하기'를 가리킵니다. 첫 번째 R은 'Reading', 즉 '읽기'입니다. 읽기 능력은 아이들이 세상을 이해하고, 지식을 습득하며, 다양한 사람들과 커뮤니케이션 할 수 있는 기본적인 기술입니다. 정보를 효과적으로 이해하고 흡수하는 능력은 읽기를 통해 길러지며, 이는 아이들이 다양한 주제와 이슈에 대해 비판적 사고를 키우는 데도 큰 도움을 줍니다.

두 번째 R은 'wRiting', '쓰기'입니다. 쓰기는 생각과 감정을 표현하는 방법 중 하나로, 아이들이 자신의 생각을 명확하고 조직적으로 전달할 수 있게 해 줍니다. 또한, 자신의 의견이나 논리를 다른 사람에게 전달하는 데 필요한 논리적 사고와 표현 능력도 함께 키울 수 있습니다.

　세 번째 R은 'aRithmetic', '셈하기'입니다. 셈하기는 일상생활에서 자주 마주하는 문제를 해결하는 데 필요한 기술입니다. 예를 들어, 돈을 계산하거나, 시간을 관리하거나, 면적을 측정하는 등의 일상적인 문제를 푸는 데 필요한 기본적인 능력입니다. 그 이상으로, 고급 수학이나 과학, 엔지니어링 등의 분야로 나아갈 때 필요한 복잡한 문제 해결 능력의 기초가 되기도 합니다.

　3R's는 과거에도, 지금에도, 그리고 미래에도 아이들의 기본적인 학습 역량 중 가장 중요한 부분입니다. 따라서 학부모님께서는 아이들의 교육과정에서 이 3R's를 어떻게 효과적으로 키울 수 있는지에 대해 지속적인 관심이 필요합니다.

　중국 당나라 시기에 중요한 교육의 목표와 관리 선발의 기준으로 삼았던 역량은 '신언서판(身言書判)'입니다. '신언서판'은 중국 당나라에서 관리를 선발할 때 사용되던 네 가지 기준을 의미합니다. 사람을 평가하거나 선택할 때 고려해야 하는 네 가지 기준으로, 첫째로는 그 인물이 어떤지, 둘째로는 그의 말하기 능력, 셋째로는 그의 글쓰기 능력, 그리고 마지막으로는 그의 판단력을 가리킵니다.

身: 몸을 의미하며, 인물의 품성이나 성격을 나타냅니다.

言: 말씀을 의미하며, 구두 능력이나 의사소통 능력을 나타냅니다.

書: 글을 의미하며, 글쓰기 능력을 나타냅니다.

判: 판단을 의미하며, 사물이나 상황에 대한 판단 능력을 나타냅니다.

이 '신언서판'이란 성어는 당시 중국에서 공무원이나 관리를 선발할 때 사용되었던 중요한 기준이었습니다. 하지만 이 기준은 단순히 당시에만 사용되던 것이 아닙니다. 현대의 기업이나 조직에서도 인재를 선발할 때, 이러한 네 가지 기준은 매우 유용하게 사용될 수 있습니다.

전통적으로 HRD(Human Resource Development), 즉 인적자원개발 분야에서 중요하게 여기는 인재상에 관한 이야기입니다. 바로 KSA라고 표현하는 '지식(Knowledge), 기술(Skill), 태도(Attitude)'입니다. 첫 번째로 지식입니다. 지식은 우리가 학교에서 배우는 지식뿐만 아니라 일상 생활에서 쌓아가는 경험과 정보를 모두 포함합니다. 즉, 개인이 가진 모든 이론적 또는 사실적인 정보와 이해를 의미하는데요. 우리 아이들이 학교에서 공부하는 것이 이 지식의 기초가 됩니다.

다음으로는 기술입니다. 기술은 특정한 작업을 수행하기 위한 능력을 의미합니다. 예를 들면 수학 문제를 푸는 능력,

기타를 치는 능력, 혹은 프레젠테이션을 하는 능력 등과 같은 실제적인 활동에서 발휘되는 능력입니다. 우리 아이들이 학교나 동호회, 여러 활동에서 실제로 '하는' 것들, 그것이 바로 기술이라고 할 수 있습니다.

마지막으로 태도입니다. 이는 개인의 태도나 생각 방식, 그리고 그에 따른 행동을 의미합니다. 적극적인 태도, 협력적인 태도, 문제 해결에 대한 긍정적인 태도 등이 여기에 포함됩니다. 아이들의 마음가짐이나 태도는 그들의 성장과 성공을 위한 중요한 기반입니다.

요약하자면 인적자원개발 분야에서는 이 세 가지 요소인 지식, 기술, 태도가 바람직한 인재상을 구성한다고 볼 수 있습니다. 우리 아이들이 성장하는 과정에서 이 세 가지 요소를 잘 조화롭게 발전시키는 것이 중요하다고 할 수 있습니다.

미래 인재와 핵심 역량 논의

경제협력개발기구(OECD)는 1997년부터 DeSeCo(Defining and Selecting Key Competencies) 프로젝트를 진행해 성공적인 삶을 위한 핵심 역량을 도출했습니다. 이것이 미래 인재의 핵심 역량에 대한 연구의 시작이었습니다. DeSeCo 프로젝트는 바로 21세기 사회에서 개인이 성공적으로 삶을 이끌어 나가고 사회 발전을 위해 필요한 핵심 역량을 찾아내기 위한 목적으로 시작되었습니다. 이 프로젝트는 1997년부터 2003년까지, 총 7년 동안 12개 국가의 협력 하에 진행되었고, 그 결과로 생애를 통한 핵심 역량의 개념적이고 이론적인 기초를 마련하게 되었습니다. 이 프로젝트에서는 크게 세 가지 범주의 핵심 역량을 제시하였습니다.

첫 번째는 '자율적으로 행동하기'입니다. 여기에는 자신의 권리, 제한점, 욕구를 정확히 파악하고 그에 따라 행동하는 능력, 또한 프로젝트를 기획하고 실행하는 능력, 그리고 다양한 상황과 관계를 분석하는 능력이 포함됩니다.

두 번째 범주는 '상호 도구를 활용하기'입니다. 이 범주는 기술을 활용하여 목표를 달성하거나, 정보와 지식을 수집하고 분석하여 활용하는 능력, 그리고 기본적인 문해력과 수리력을 의미합니다.

마지막으로, '사회적 이질 집단과 협동하기'입니다. 이는 타인과의 관계 형성, 갈등 해결, 집단에서의 협력과 참여 등을 중점으로 두고 있습니다.[6]

OECD는 DeSeCo 프로젝트에 이어서 2015년, 'OECD 교육 2030'이라는 새로운 프로젝트를 시작했습니다. 이 프로젝트는 그저 핵심 역량을 규명하는 것이 아니라, 그 역량을 어떻게 교육과정, 교수법, 그리고 평가 시스템에 반영할지에 대한 논의를 진행하였습니다.

2018년, OECD는 교육 2030 프로젝트의 중요한 성과물로 포지션 페이퍼를 발표했습니다. 이 문서에서는 미래의 학습을 통해 갖추어야 할 핵심 역량을 '지식', '능력', 그리고 '태도와 가치'로 구분하였습니다. 그리고 이들 역량을 바탕으로 개인과 사회가 직면한 복잡한 문제를 해결하고 새로운 가치를

---

6   OECD, 'The Defination and Selection Of Key Competen-
    cies', 2005

창출하는 '변혁 역량'을 제시하였습니다. 이 변혁 역량에는 새로운 가치 창출, 긴장과 딜레마의 조정, 그리고 책임감을 갖는 능력 등이 포함되어 있습니다. 최종적으로, OECD는 이러한 모든 교육의 노력과 변화의 궁극적인 목표는 '개인과 사회의 웰빙' 즉, 개인의 삶의 질과 사회의 발전을 위한 것이라고 강조하였습니다.[7]

OECD는 'OECD 교육 2030'에 이어서 2019년에 'OECD 학습 나침판 2030'을 발표하였습니다. 학생들이 빠르게 변화하는 세계에서 어떤 지식과 역량, 그리고 태도와 가치를 가지고 있어야 하는지에 대한 깊은 고민을 담아 'OECD 학습 나침판 2030'이라는 가이드라인을 제시하였습니다. 이 학습 나침판은, 2018년에 OECD에서 처음으로 제시된 '교육 2030 학습 프레임워크'의 확장된 개념이라고 볼 수 있습니다.

2030 학습 나침판에서 중요하게 생각하는 것은 바로 '학생의 주체성(Student agency)'입니다. 이는 아이들이 스스로 학습의 주체가 되어, 자신의 학습을 주도하는 능력을 말하는 것입니다. 그런데 여기서 더 중요한 포인트는, 이 자기 주체성만으로는 충분하지 않다는 것입니다. 아이들은 교사, 학부모, 그리고 지역 사회와 같은 사회적 맥락 안에서 협력하며, '협력적 주체성(Co-agency)'을 함께 발전시켜 나가야 함을 의미합니다.

---

7   OECD, 'The Future Of Education And Skills', 2018

OECD는 학생의 주체성을 발전시키기 위해서는 핵심적인 기초(Core Foundations)가 필요하다고 제시하였습니다. '지식, 역량, 그리고 태도와 가치'가 포함됩니다. 이 핵심 기초는 아이들이 미래 세계에서 잘 살아가기 위한 중심적인 역량을 구축하는 데 도움을 줄 것이라 볼 수 있습니다.[8]

최근에는 디지털 전환에 대응하는 디지털 역량에 대한 논의가 추가되고 있습니다. 특히 안전한 디티털 활용을 위한 디지털 시민성이 강조되고 있습니다. UNESCO는 2015년에 '교육 2030 아젠다'를 발표하였는데, 정보통신기술(ICT)의 습득과 기술 습득을 디지털 세계에서 시민들이 번영하기 위해 필수적인 것으로 강조하고 있습니다. 디지털 기술의 발전은 상당한 기회와 이익을 가져다 주었지만, 사이버 괴롭힘이나 온라인 범죄와 같은 일련의 사회적 윤리적 문제 또한 증가하고 있습니다. 디지털 시민성은 '디지털 혁명의 시대에 시민들이 더 책임감 있고 역동적으로 참여할 수 있는 역량'을 의미합니다. 디지털 시민성은 미디어를 통한 소통을 포함하고 있다는 점에서 일반 시민성과 다릅니다. 청소년들이 미디어 활동을 하는 디지털 세상에서 디지털 시민성의 인식과 개념을 이해하는 것은 매우 중요한 연구 과제입니다. 디지털 시민성은 언어, 수학, 학습 및 문화적 인식과 같은 다른 역량을 배양하는 중요한 도구

---

[8]   OECD, 'OECD Learning Compass 2030' 2019

라고 할 수 있습니다. 기존 교육을 살펴보면, 안전하고 효율적이며 책임감 있는 정보통신기술 활용의 개념을 도입하고 있지만, 학교교육에서 디지털 역량을 강화하기 위한 전면적인 교육의 변화는 아직 제대로 이루어지지 않고 있는 상황입니다.

아시아 태평양 지역을 담당하는 UNESCO Bangkok에서는 선도적으로 이화여대 학교폭력예방연구소와 함께 'Digital Kids Asia Pacific' 프로젝트를 진행하였습니다. DKAP 프로젝트는 다양한 국가 정책과 노력에 대한 보다 명확한 이해를 제공하고, 아시아 태평양 지역의 어린이와 청소년에게 정보통신기술의 안전하고 책임 있는 이용을 촉진하는 데 있어 국가적 차이를 살펴보는 것을 목표로 하고 있습니다.

DKAP 프로젝트에서 제시된 디지털 시민성은 5개 영역의 역량으로 구성되어 있습니다. 첫째, '디지털 리터러시'는 디지털 도구를 사용하여 정보를 검색하고, 비판적으로 평가하고, 효과적으로 사용하여 정보에 입각한 결정을 내릴 수 있는 능력으로 정의됩니다. 둘째, '디지털 안전과 회복'은 디지털 공간에서 자신과 다른 사람들을 위해로부터 보호하는 방법을 이해하는 능력을 의미합니다. 셋째, '디지털 참여'는 적절한 디지털 기술을 통해 사회와 공평하게 상호 작용하고, 관여하며, 긍정적인 영향을 미치는 능력으로 정의됩니다. 넷째, '디지털 감성지능'은 개인과 대인관계 수준에서 디지털 상호 작용 중에 감정을 인식하고 탐색하고 표현하는 능력을 의미합니다. 다섯째,

'창의성과 혁신'은 ICT 도구를 활용한 디지털 콘텐츠 창출을 통해 자신을 표현하고 탐구하는 능력으로 정의됩니다.[9]

디지털 혁명 시대의 인재상은 다양하게 표현되고 있지만 가장 핵심적인 사회적 변화를 반영하면 "디지털 사회에서 급격한 변화에 유연하게 문화적으로 향유하는 창의적 인재"로 요약해 볼 수 있습니다. 기존 교육에서는 오프라인 중심 사회에서의 시민성을 함양하는 것을 매우 의미있는 교육의 목표로 설정하고 있지만 이제 디지털 사회에서 필요한 시민성을 다시 한번 정의해 보고 이를 우리 교육의 목표와 내용을 설정하는 중요한 준거로 삼아야 하는 상황입니다. 디지털 사회에 대비하는 것이 정보 관련 교과의 교육 시간을 늘리는 것만으로는 부족합니다. 미래를 위한 교육 시스템 마련을 위해 국가 교육과정에서 디지털 사회에 필요한 시민성이 중요한 역량으로 포함되고, 교육의 내용, 교수-학습 활동, 평가 등 교육의 전체 영역에 반영될 수 있도록 하는 전면적인 혁신이 필요합니다.

[9]   UNESCO Asia and Pacific Regional Bureau for Education, 'Digital Kids Asia-Pacific: Insights into Children's Digital Citizenship', 2019

미래 사회의 핵심 역량

우리가 과거에는 상상조차 할 수 없었던 미래 사회가 지금 바로 눈 앞에 도래하고 있습니다. 인공지능, 그것도 본격적인 인공지능 시대가 시작되었습니다. 우리는 수없이 그 미래를 대비한 교육 방식에 대해 이야기해 왔지만, 아이러니하게도 학교의 현장에서 그렇게 큰 변화가 눈에 띄게 보이지는 않습니다. 물론 챗봇이나 증강 현실, 가상 현실, 그리고 자연 언어 처리와 같은 첨단 기술들이 교육 분야에서 사용되긴 하지만, 이제 변화가 시작되는 단계입니다.

'교육 분야의 인공지능 활용'에 대해서 생각하면, 두 가지 큰 질문이 생깁니다. 첫째, 인공지능 시대에 우리 아이들에게 무엇을 가르쳐야 할까요? 둘째, 그것을 어떻게 가르쳐야 할까요? '어떻게'에 대한 부분은 기술을 어떻게 활용해서 교육하는

지에 대한 것입니다. 그러나 '무엇'에 대한 부분은 훨씬 더 중요합니다. 현실에서 인공지능이 광범위하게 활용되는 상황에서, 과연 미래를 살아갈 우리 아이들에게 무엇을 가르쳐야 할 것인가가 중요한 과제입니다.

이런 고민들 속에서 결국 중요한 질문은 인공지능 시대의 학교에서 우리 아이들에게 무엇을 가르쳐야 하는가가 됩니다. 그리고 이 질문은 미래의 인재상, 우리 아이들이 어떠한 사람이 되어야 하는지에 대한 논의로 이어집니다. 학교에서 미래의 인재를 어떻게 길러야 할까에 대한 대답을 '6C'로 요약해볼 수 있습니다. '6C'란, 핵심적인 개념적 지식(Conceptual Knowledge), 창의성(Creativity), 비판적 사고(Critical Thinking), 컴퓨팅 사고(Computational Thinking), 융합 역량(Convergence), 그리고 인성(Character)을 말합니다. 이 '6C'를 시각화한다면, 개념적 지식을 중심으로 하여 다른 다섯 가지 역량이 그 주변을 둘러싼 형태로 표현될 것입니다. 결국, 교육의 목적은 이 '6C'를 아이들에게 심어 주는 것이며, 이를 통해 아이들이 미래 사회에서도 자신의 위치를 찾아 성장해나갈 수 있도록 도와주어야 합니다.

여섯 가지 핵심 역량을 함께 살펴보도록 하겠습니다. 첫 번째로, '개념적 지식(Conceptual Knowledge)'입니다. 이것은 교과의 핵심적인 내용을 가리키는데, 단순히 '서울이 우리나라의 수도다'라는 정보를 알고 있는 것을 넘어서, 서울이 수도로서

미래 인재의 6C 핵심 역량

의 역사적, 사회적 의미와 가치가 무엇인지까지 이해하는 깊이 있는 지식을 의미합니다. 이런 깊은 지식은 창의적 학습의 바탕이 됩니다.

두 번째는 '창의성(Creativity)'입니다. 이것은 단순한 문제 해결을 넘어서 새로운 문제를 인식하고 그에 대한 독창적인 해결책을 제시하는 능력을 의미합니다. 이는 개인의 생활에서부터 사회 전반에 걸쳐 필요한 중요한 능력입니다.

세 번째로, '비판적 사고(Critical Thinking)'는 우리가 접하는 다양한 정보를 편향되지 않게 분석하고, 그에 따라 사실에 기반한 판단을 내릴 수 있는 능력을 말합니다. 현대 사회에서는 이런 능력이 점점 더 중요하게 여겨지고 있습니다.

네 번째, '컴퓨팅 사고(Computational Thinking)'는 문제를 효과적으로 해결하기 위한 전체적인 사고 과정을 포함하며, 데이터 분석부터 알고리즘화까지의 과정을 포괄합니다.

다섯 번째 '융합 역량(Convergence)'은 여러 학문과 실생활 영역의 지식을 결합하여 문제를 통합적으로 해결하는 능력입니다. 이것은 현대 사회의 복잡한 문제 해결에 필수적인 능력으로 여겨집니다.

마지막으로, '인성(Character)'입니다. 인성은 동양과 서양에서 조금 다른 의미로 사용되기도 하지만, 여기서는 사회정서역량을 중심으로 한 비인지적 역량을 포함합니다. 이는 미래 사회에서 더욱 중요해질 핵심 역량입니다.

요약하면, 현재 우리가 사는 이 인공지능 시대는 더이상 먼 미래의 상상이 아닙니다. 우리의 교육은 이 변화하는 시대에 맞춰 변화할 필요가 있습니다. 6C는 이러한 변화를 위한 방향성을 제시하는데, 학부모들이 자녀들에게 꼭 갖추도록 해야 할 핵심적인 역량이라고 할 수 있겠습니다.

3장

성장 마인드셋
형성시켜 주기

고정 마인드셋과 성장 마인드셋

미국 스탠퍼드 대학교의 심리학자 캐롤 드웩(Carol Dweck) 박사는 마음의 상태에 대해 '고정 마인드셋'과 '성장 마인드셋'으로 구분하였습니다.[10] 먼저, '고정 마인드셋'은 자신의 능력이나 성격, 타고난 속성들이 고정되어 변하지 않는다는 생각을 가진 사람들의 태도를 의미합니다. 이러한 사람들은 실패를 겪을 때, 자신의 능력의 한계라고 생각하고 쉽게 포기하기도 합니다. 예를 들면, 수학 문제를 풀지 못했을 때 "나는 수학에 재능이 없어."라고 생각하는 경우가 '고정 마인드셋'의 특징입니다.

반면, '성장 마인드셋'은 능력이나 성격은 노력과 경험을

---

10 캐롤 드웩, 《마인드셋》, 김준수 역, 스몰빅라이프, 2023

두 가지 마인드셋	고정 마인드셋	성장 마인드셋
기본 전제	지능은 정해져 있다	지능은 성장할 수 있다
욕구	남들에게 똑똑해 보이고 싶다	더 많이 배우고 싶다
따라서		
도전 앞에서	도전을 피한다	도전을 받아들인다
역경 앞에서	쉽게 포기한다	맞서 싸운다
노력에 대해	하찮게 여긴다	완성을 위한 도구로 여긴다
비판에 대해	옳더라도 무시한다	비판으로부터 배운다
남의 성공에 대해	위협을 느낀다	교훈과 영감을 얻는다
결과적으로		
결과	현재 수준에 정체되고 잠재력을 발휘하지 못한다	잠재력을 발휘해 최고의 성과를 낸다

드윅 박사의 고정 마인드셋과 성장 마인드셋 비교

출처 : 캐롤 드웩, 《마인드셋》, 김준수 역, 스몰빅라이프, 2023

통해 발전하고 변화할 수 있다는 믿음을 가진 사람들의 태도를 나타냅니다. 이들은 도전을 좋아하며, 실패를 겪어도 그것을 학습의 기회로 바라보고 더 노력하여 능력을 키우려고 노력합니다. 같은 수학 문제를 풀지 못했을 때, '아직은 풀지 못하지만 더 연습하면 잘할 수 있을 것이다'라고 생각하는 것이 '성장 마인드셋'의 대표적인 예입니다.

이 두 마인드셋의 차이점은, 우리의 실패와 도전에 대한 인식과 대응 방식에 큰 영향을 미칩니다. '고정 마인드셋'을 가진 아이들은 쉽게 도전에서 멀어지거나 실패를 두려워하기 쉽습니다. 반면, '성장 마인드셋'을 가진 아이들은 실패를 겪어도 계속 도전하는 용기와 의지를 가지게 됩니다.

드웩 박사가 제시하고 있는 '고정 마인드셋'을 가진 사람과 '성장 마인드셋'을 가진 사람에 대한 비교 내용입니다. 먼저 '고정 마인드셋'을 가진 사람들의 특징입니다. 이 마인드셋은 "지능은 변하지 않는다."라는 믿음을 기반으로 합니다. 이러한 사람들은 주로 남들에게 똑똑하다고 인정받는 것을 원합니다. 그 결과로, 어려운 도전 앞에서는 피하려고 하고, 역경에 직면하면 쉽게 포기하게 됩니다. 또한 노력을 하찮은 것으로 여기고, 비판에 대해서는 수용하지 않습니다. 다른 사람의 성공을 보면 자신에게 위협으로 느끼곤 합니다. 이러한 생각과 태도로 인해 그들은 현재의 능력 수준에서 멈추게 되고, 자신의 잠재력을 제대로 발휘하지 못하게 됩니다.

반대로 '성장 마인드셋'을 가진 사람들은 "지능은 발전할 수 있다."라는 전제를 가집니다. 이들은 자기 자신의 지능과 능력을 키우는 것에 더 큰 관심을 갖습니다. 그래서 어려운 도전도 기꺼이 받아들이고, 어려움 앞에서도 끈질기게 맞서 싸웁니다. 이들은 노력을 자신의 능력을 향상시키는 도구로 생각하며, 비판에 대해서는 학습의 기회로 받아들입니다. 또한, 다른 사람의 성공을 보면 그것으로부터 교훈과 영감을 얻으려 합니다. 결과적으로, 성장 마인드셋을 가진 사람들은 자신의 잠재력을 최대한 발휘하여 최고의 성과를 낼 수 있습니다.

이 두 마인드셋은 우리 아이들의 학습과 성장에 큰 영향을 미칩니다. 그렇기에 학부모로서 이를 이해하고 어떻게 아이들의 성장 마인드셋을 육성할 것인지에 대해 함께 생각해 보는 것이 중요합니다.

성장 마인드셋의 중요성

현대 사회에서는 불확실성이 점점 증가하고 있습니다. 다양한 분야와 지식이 융합되는 시대에서 우리 아이들은 어떻게 적응하고 성장할 수 있을까요? 바로 스탠퍼드 대학의 드웩 박사가 강조하는 '성장 마인드셋'의 중요성이 여기에 답이 될 수 있습니다. 이 성장 마인드셋은 지능이나 능력이 고정된 것이 아니라 노력과 경험을 통해 계속 발전할 수 있다는 믿음을 중심으로 합니다. 우리가 직면하는 불확실한 미래와 다양한 문제들 앞에서, 성장 마인드셋을 가진 아이들은 새로운 도전을 두려워하지 않고, 변화와 융합 속에서도 계속해서 학습하고 성장할 수 있는 역량을 갖추게 됩니다. 따라서 이러한 성장 마인드셋의 중요성을 인지하고, 아이들에게 그것을 교육하는 것이 더욱 중요해지고 있는 현재의 사회에서 우리 학부모의 역할이 크다는 것을 강조하고 싶습니다.

EBS 다큐프라임의 〈마더쇼크〉라는 프로그램에서 굉장히 흥미로운 실험을 하였습니다. 이 실험을 통해 우리가 아이의 학습 과정에서 어떻게 도와줄지에 대한 중요한 교훈을 얻을 수 있습니다. 실험의 첫 부분에서는 아이에게 과제를 주고, 그들이 어떻게 그 과제를 해결하는지를 관찰하는 동안 엄마들의 반응을 살펴보았습니다. 한국의 엄마들은 아이가 과제를 잘 마무리 짓도록 계속해서 도와주려고 개입하였습니다. 반면, 미국의 엄마들은 아이가 과제를 스스로 해결하도록 그저 멀리서 지켜봤습니다. 이 과정에서 놀랍게도 아이가 문제를 성공적으로 해결했을 때 한국과 미국의 엄마 모두에서 뇌의 자극이 발생했고, 그 수준이 본인이 문제를 해결했을 때와 같았다는 연구 결과가 나왔습니다.

다음 실험에서는 여러 아이들이 함께 과제를 수행하는 모습을 관찰하였습니다. 이때, 미국의 엄마는 다른 아이들의 과제 수행 과정에 크게 영향을 받지 않았습니다. 그러나 한국의 엄마는 다른 아이들이 과제를 해결하지 못하고 본인의 자녀만이 성공했을 때 훨씬 더 큰 즐거움을 느꼈습니다. 이를 통해 아이의 학습 성과를 상대적으로 평가하는 경향, 즉 '상대평가'가 한국 엄마에게 강하게 내재되어 있다는 사실을 알 수 있습니다.

이러한 연구 결과를 바탕으로 우리 학부모들에게 제안하

고 싶은 것은 아이의 학습 과정을 지켜보되 과도한 개입보다는 아이가 스스로 문제 해결 능력을 키울 수 있도록 도와주는 것입니다. 그리고 아이의 성공적인 결과에 대해 칭찬과 격려를 아끼지 않는 것이 중요합니다.

이를 드웩 박사의 '성장 마인드셋'과 연결해 볼까요? 성장 마인드셋은 능력이나 지능이 고정되어 있지 않고 발전시킬 수 있다는 믿음을 중심으로 합니다. 한국 엄마들의 개입은 아이가 성공적으로 문제를 해결하도록 돕기 위한 것일 수 있지만, 아이가 스스로 문제를 해결하는 과정을 중요시하는 성장 마인드셋의 관점에서는 조금 다르게 볼 수 있습니다. 성장 마인드셋을 가진 부모는 아이의 과정을 존중하며, 실패나 어려움 속에서도 학습의 기회를 발견합니다. 아이의 성공적인 결과보다 그 과정을 칭찬하고, 아이가 자신의 능력을 믿고 도전하는 것을 격려합니다.

결국 아이가 학습하는 과정에서 중요한 것은 결과를 다른 아이와 비교하는 것이 아니라, 자신의 능력을 믿고 도전하는 것입니다. 성장 마인드셋을 가진 학부모는 아이의 끈기와 노력을 칭찬하며, 아이가 스스로의 능력을 믿고 성장하는 데 필요한 지지와 격려를 제공합니다.

우리 아이들이 학교에서 다양한 학습을 경험하며 때로는 성공을, 때로는 실패를 맛보게 됩니다. 여기서 중요한 것은 그 결과 자체보다 그 과정에 어떠한 마인드셋으로 대해왔는지가 중요하다는 것입니다.

성장 마인드셋은 학습의 결과에 집중하기보다는 학습의 과정과 노력, 도전을 중시하는 마인드셋입니다. 실패를 겪을 때, '나는 못 하는 사람이다'라는 생각이 아니라 '다음에는 더 잘할 수 있을 것이다'라는 자신감을 갖게 해줍니다. 드웩 박사는 이러한 성장 마인드셋이 실패를 두려워하지 않고, 도전을 계속해 나가는 태도를 형성하게 도와준다고 설명합니다.

학교에서의 학습은 단순히 성적이나 결과에 그치는 것이 아닙니다. 아이들이 어떠한 태도로 학습하는지, 어떠한 마인드셋을 가지고 있는지가 그들의 미래를 결정짓게 될 것입니다. 따라서, 우리 아이들에게 성장 마인드셋을 교육하고 함께 실천하는 것이 매우 중요하다는 것을 강조하고 싶습니다.

자녀의 성장 마인드셋 길러 주기

자녀가 성장 마인드셋을 형성할 수 있도록 하는 핵심 요인은 바로 '부모의 자세'입니다. 우리 아이가 학교에서 어떤 시험에 실패하였다고 가정해 봅시다. 이때 중요한 것은 그 결과에 집착하기보다는 아이가 그 과정에서 얼마나 노력했는지를 볼 줄 아는 것입니다. 예를 들어, "너 정말 열심히 공부했네. 고생 많았어."와 같은 칭찬은 아이의 노력을 인정하고 격려하는 데 큰 힘이 됩니다.

두 번째로, 아이가 실패한 상황을 마주했을 때, 그 경험을 통해 무엇을 느꼈는지, 어떻게 다음에 더 잘 할 수 있을지를 함께 고민하는 것이 중요합니다. "이런 실패를 통해 무엇을 느꼈어? 다음에는 어떻게 해야 할까?"와 같은 질문으로 아이와 소통하면서 학습의 기회로 전환해 나가는 것입니다.

셋째, 부모와 자녀 사이의 대화는 아주 중요한 역할을 합니다. 아이가 어려움을 겪거나 실패를 경험했을 때, 그 안에서 무엇을 느끼는지, 어떤 생각을 하는지 함께 나누는 시간을 가져야 합니다. 이렇게 함으로써 아이의 생각과 감정, 고민을 이해하고 그것을 성장의 기회로 전환하는 데 도움을 줄 수 있습니다.

넷째, 부모님 자신도 성장 마인드셋의 좋은 모델이 될 수 있습니다. 자신의 경험과 실패, 그리고 그것을 극복한 과정을 아이와 공유함으로써, 아이에게 '실패'는 결코 끝이 아니라 새로운 시작의 기회라는 것을 보여 주는 것입니다.

다섯째, 아이와 함께 목표를 설정하고 그 과정을 함께 경험하는 것이 중요합니다. 예를 들어, 아이가 원하는 책을 한 권 완독하는 것을 목표로 정했다면, 그 과정에서 아이의 노력을 지켜보고, 완독했을 때 그 성취감을 함께 나누는 것입니다. 이렇게 함으로써 아이의 자아효능감을 높여 주는 것입니다.

결국 아이가 세상의 다양한 도전과 변화를 두려워하지 않고 마주할 수 있도록 성장 마인드셋을 교육하는 것이 부모의 중요한 역할입니다. 여러분의 지혜롭고 사랑스러운 지도와 도움으로 아이가 세상을 더욱 긍정적이고 적극적으로 바라볼 수 있게 될 것입니다.

4장

자기 주도 학습 역량
길러 주기

자기 주도 학습 역량의 의미

자기 주도 학습 역량은 개인이 자신의 학습을 계획하고 조절하며 이를 실행하는 능력입니다. 즉, 개인이 학습 목표를 설정하고 이를 달성하기 위해 필요한 자원을 찾고, 자신의 학습 진행 상황을 모니터링하며 필요한 수정과 개선을 실시하는 등의 학습 과정 전반을 스스로 관리할 수 있는 능력을 말합니다. 자기 주도 학습 역량을 갖춘 학습자는 학습 목표를 달성하기 위해 주도적으로 학습을 추진하며, 더 나은 학습 방법을 찾아내고 성취감을 느끼며 자신의 자기개발에 기여합니다. 이러한 능력은 현대 사회에서 요구되는 역량으로 각광받고 있으며, 개인이 평생학습을 추진하는 데 필수직인 역량입니다.

인간의 삶에서 자기 주도 학습 역량을 갖추는 것은 여러 가지 이유로 매우 중요합니다. 첫째, 자기 주도적 학습 능력을 습관화하면 지속적인 학습이 가능해집니다. 자기 주도적 학습 능력을 키우면 목표를 설정하고 계획을 수립하며, 시행하고 평가하고 피드백을 받아 학습을 지속할 수 있습니다. 이러한 학습 습관을 형성하면 새로운 지식과 기술을 습득하고, 지속적인 학습을 통해 학습역량을 유지하는 것이 가능해집니다. 아이는 언제든지, 어디서든지 학습을 시작할 수 있습니다. 예를 들면, 여행 중에도 새로운 문화나 언어를 배우려는 도전을 할 수 있겠죠. 이렇게 스스로 학습의 주도권을 쥐게 되면, 지속적으로 새로운 지식을 습득하게 됩니다.

둘째, 자기 주도적 학습 능력을 습관화하면 성취감과 동기부여가 증가합니다. 목표를 설정하고 계획을 수립하며, 시행하고 평가하고 피드백을 받아 학습을 지속하는 과정에서 성취감을 느낄 수 있습니다. 이러한 성취감은 학습에 대한 자신감과 동기부여를 증가시킵니다. 아이는 학습 과정에서 성취감을 느끼게 됩니다. 아이가 스스로 목표를 설정하고 그것을 달성했을 때, 그 느낌은 상상 이상입니다. 이 성취감은 아이의 자신감을 키우며, 다음 학습 도전에 대한 동기를 제공합니다.

셋째, 자기 주도적 학습 능력을 습관화하면 자기개발에 더 많은 관심을 가질 수 있습니다. 자기 주도적 학습 능력을 키우면 스스로 문제를 해결하고, 새로운 지식과 기술을 습득하고, 지속적으로 성장하면서 자기개발에 대한 더 많은 관심을 가질 수 있습니다. 자기 주도 학습은 아이의 자기개발에 큰 도움을 줍니다. 아이는 스스로 문제를 해결하는 방법을 배우게 되고, 이 과정에서 자신만의 학습 방법을 찾아낼 수 있게 됩니다.

마지막으로, 자기 주도적 학습 능력을 습관화하면 생활 전반에 걸쳐 유용합니다. 자기 주도적 학습 능력을 키우면 목표를 설정하고 계획을 수립하며, 시행하고 평가하고 피드백을 받는 능력이 향상됩니다. 이러한 능력은 학습에 한정되지 않고, 직장에서 프로젝트를 수행하거나 개인적인 목표를 달성하는 등의 다양한 상황에서 유용하게 활용될 수 있습니다. 따라서 자기 주도적 학습 능력을 습관화하는 것은 지속적인 학습과 성취감, 자기개발에 대한 더 많은 관심, 그리고 생활 전반에서 유용한 능력을 키울 수 있게 됩니다.

자기 주도 학습 역량이란 능력은 아이들이 태어날 때부터 가지고 있는 능력이 아닙니다. 인간이 성장하는 과정에서 어떤 경험을 하느냐에 따라 자기 주도 학습 역량의 수준이 결정되는 것입니다. 어떤 아이도 태어나서부터 스스로 모든 것을 계획하고 진행할 수 있는 능력을 가지고 있지는 않습니다. 그럼 어떻게 이 능력을 키울 수 있을까요?

지훈이라는 5살 아이의 이야기를 한번 생각해 보겠습니다. 지훈이는 블록 놀이를 굉장히 좋아합니다. 처음에는 그저 블록을 쌓고 무너뜨리는 것만으로도 즐거워했습니다. 그런데 어느 날, 엄마가 옆에서 "지훈아, 이번에는 높은 타워를 쌓아볼래?"라며 조금씩 방향을 제시해 주었습니다. 지훈이는 엄마의 제안에 흥미를 느끼며 블록 타워를 높게 쌓기 시작했습니다. 처음에는 엄마의 도움이 많이 필요했지만, 시간이 지나며 점점 스스로 어떻게 블록을 쌓아야 할지를 배워 나갔습니다.

이처럼 어린 나이일수록 타인의 도움, 특히 부모님의 도움이 큰 힘이 됩니다. 부모님의 지지와 가르침, 그리고 그 사이에서 주어지는 자유가 아이의 자기 주도 학습 능력을 키워 나가는 데 중요한 역할을 합니다. 이렇게 부모님이 아이에게 주는 지원과 도움을 '스캐폴딩(Scaffolding)'이라고 합니다. 스캐폴딩은 건물을 짓는 데 사용되는 임시 구조물을 의미하는데, 여기서는 아이의 학습과 성장을 돕는 '임시' 지원 구조물을 의미합니다. 처음에는 많은 도움이 필요할지 모르지만, 아이가 성장함에 따라 이 지원을 조금씩 줄여 가며 아이가 스스로 학습의 주도권을 잡도록 돕는 것이죠.

결국 아이가 성장하면서 자기 주도성을 높여 나갈 수 있게 하는 것은 부모님의 지속적인 관심과 스캐폴딩의 역할이 큽니다. 부모는 아이의 성장과 학습에 필요한 도움을 주되, 아이가 스스로 할 수 있는 부분은 그에게 맡겨 주는 균형을 잘 유지하는 것이 중요합니다. 그러면 아이는 스스로 학습하고, 그 과정에서 얻는 성취감과 능력을 키울 수 있게 됩니다.

자녀의 자기 주도 학습 역량을 키워 주기 위해서는 부모의 역할이 중요하다고 할 수 있습니다. 자기 주도 학습 역량을 기를 수 있는 경험을 함께 하는 것이 중요합니다.

학습의 목표 설정하기

자녀의 자기 주도 학습 역량을 키우는 데 있어 중요한 부분은 바로 '목표 설정'입니다. 우리가 어떤 일을 시작할 때 목표를 설정하면 그 방향으로 잘 진행이 되곤 합니다. 자녀의 학습에서도 이 목표 설정은 무척 중요합니다. 우리는 종종 드라이브를 갈 때도, 여행을 갈 때도 목적지를 정하고 떠납니다. 그렇게 해야 길을 잘 찾을 수 있고, 도착할 때 그 만족감을 느낄 수 있습니다. 학습도 마찬가지입니다. 자녀가 어떤 학습의 목표를 갖게 되면 그 방향으로 집중하게 되고, 목표를 달성했을 때 그 성취감을 느낄 수 있습니다. 예를 들어, "이번 달에는 영어 독해 능력을 향상시키겠다."와 같은 목표를 설정하면, 자녀는 영어책 읽기나 영어 뉴스 보기와 같은 활동에 더 집중하게 됩니다.

목표를 설정한 후에는 아이가 스스로 그 목표를 달성하기 위한 방법을 결정하도록 도와야 합니다. "수학 문제집 10페이지를 어떻게 풀어 볼까?"라고 물어보면, 아이는 "매일 2페이지씩 풀어 볼까?"라고 제안할 수 있습니다. 이렇게 아이 스스로 방법을 결정하면, 그 계획을 실천하는 동안 더 책임감을 가지게 됩니다. 그 이후에 자녀가 직접 원하는 목표를 설정하게 해 주세요. 예를 들어, 아이가 요즘 공룡에 관심이 있다면, "이번 주말까지 공룡 5종류의 이름과 특징을 알아보자."와 같은 목표를 설정하게 해 보세요. 이렇게 아이가 직접 원하는 주제나 목표를 설정하면 학습에 대한 동기를 찾기가 더 쉽습니다.

자녀와 함께 다음과 같이 구체적인 학습 목표를 설정할 수 있습니다. '이번 학기 중간고사에서 수학 90점 이상 받기'나 '피아노 1곡 완벽하게 연주하기'와 같은 목표를 설정하면 됩니다. 큰 목표를 작은 단계별로 나누어 보면 구체화될 수 있습니다. 예를 들면, 피아노 1곡을 연주하는 목표에서는 '이번 주에는 첫 번째 페이지 연습하기'와 같은 작은 목표를 설정할 수 있습니다. 목표는 너무 쉽지도, 어렵지도 않게 설정해야 합니다. '오늘 저녁까지 한국사 3권을 전부 읽는다'라는 목표는 아이에게 너무 부담스러울 수 있습니다. 반면, '오늘 10페이지 읽기'는 너무 쉽게 느껴집니다. 적절한 난이도의 목표를 설정하면 아이는 도전 의욕을 느끼면서도, 성취감을 얻을 수 있습니다.

또는 '이번 주 안에'나 '다음 달까지'와 같이 시간 제한을 둔 목표를 설할 수 있습니다. 예를 들면, 수영을 배우고 싶은 아이를 생각해 보면, '수영을 배우고 싶어'라는 모호한 목표 대신 '여름 방학 전까지 프리스타일 50m를 1분 안에 수영할 수 있게 되는 것'이라는 구체적이고 시간적 제한이 있는 목표를 설정해 볼 수 있습니다. 이렇게 명확하게 목표를 설정하면 아이는 자신이 어디를 향해 나아가야 하는지 확실하게 알 수 있습니다. 그리고 그 목표를 향해 어떻게 계획을 세워야 할지도 더욱 명확해집니다. 시간 제한이 붙은 목표는 아이가 필요한 노력과 일정을 구체화하는 데 도움을 줍니다. '여름 방학 전까지'라는 시간 제한 덕분에 아이는 매주 얼마나 연습해야 하는지, 어떤 부분을 집중적으로 연습해야 하는지 등의 계획을 세울 수 있을 것입니다. 시간 제한이 붙은 목표는 아이에게 약간의 '압박감'을 줍니다. 하지만 이 압박감은 긍정적인 방향으로 작용하여 학습의 동기를 높여 줍니다.

목표를 설정한 후에는 아이가 스스로 목표를 달성하기 위한 방법을 결정하도록 도울 수 있습니다. "수학 문제집 10페이지를 어떻게 풀어 볼까?"라고 물어보면, 아이는 "매일 2페이지씩 풀어 볼까?"라고 제안할 수 있습니다. 이렇게 아이 스스로 방법을 결정하면, 그 계획을 실천하는 동안 더 책임감을 가지게 됩니다. 주기적으로 자녀와 함께 목표 달성 상황을 확인하고, 필요한 조정이 있다면 그때그때 함께 수정해 나갈 수 있습니다. 이 과정에서 칭찬과 격려는 아이의 동기를 높여 줍니다.

자녀의 학습에 목표를 설정하는 것은 자녀의 동기부여뿐만 아니라 방향성을 제공해 줍니다. 함께 목표를 설정하고 그 과정을 관리하는 것은 자녀의 자기 주도 학습 능력을 크게 향상시킬 수 있습니다.

학습 계획을 수립하고 실행하기

자녀의 학습에 있어 '학습 계획 수립'은 중요한 단계입니다. 학습 계획을 잘 세우고 이를 실천하는 것은 자녀의 학습 동기를 부여하고, 학습에 대한 방향성을 제시하게 됩니다. 학습 계획을 잘 수립하고, 실천하는 방법이 중요합니다. 자녀의 학습 계획을 세우고 이를 지켜보는 과정은 단순히 성적 향상뿐만 아니라, 자기 주도적으로 세상을 바라보고 탐구하는 태도를 길러 주는 중요한 시간이기도 합니다. 부모님의 따뜻한 관심과 지지가 그 과정에서 큰 힘이 될 수 있습니다.

첫째, '관심사와 목표 설정하기'입니다. 학습의 시작은 관심에서 비롯됩니다. 자녀와 소통하며 그들이 무엇에 관심을 가지고 있는지 알아볼 수 있습니다. 예를 들어, 자녀가 최근에 영어 도서에 푹 빠져있다고 합시다. 이런 관심사를 토대로 학습 목표를 함께 세워보는 것이 중요합니다. '이번 달 말까지 《해리 포터》 영문판 첫 번째 권을 완독하기'처럼 이렇게 명확한 목표를 설정하면, 자녀는 학습에 더 몰입할 수 있게 됩니다.

둘째, '구체적인 일정 및 작은 목표 세우기'입니다. 좋은 학습 계획은 큰 목표를 작은 단계로 나누어 실천하는 것에서 시작됩니다. 큰 목표를 위해 매일 어떤 활동을 할지 구체적으로 계획해 볼 수 있습니다. 예를 들면 자녀가 매일 저녁 8시부터 8시 30분까지 《해리 포터》를 읽는 시간을 갖는 것입니다. 그렇게 30분씩 꾸준히 읽다 보면 한 달 안에는 책을 끝낼 수 있을 겁니다.

셋째, '자료와 학습 도구 준비하기'입니다. 자녀가 학습을 시작하기 전에는 필요한 자료나 도구를 미리 준비하는 것이 중요합니다. 이렇게 하면 학습의 흐름이 끊기지 않고 스무스하게 진행될 수 있습니다. 자녀가 영어책을 읽는다면 도움이 될 만한 사전이나 온라인 번역기, 혹은 영어 단어 앱을 추천해 주는 것도 좋습니다. 특히, 책 속 어려운 단어나 표현에 대해 같이 고민하고 해결하는 시간은 자녀에게 더 큰 학습의 기회가 될 것입니다.

다음은 자녀의 학습을 잘 실천하도록 돕기 위한 방법에 대해 이야기해 보려고 합니다. 물론, 학습 계획을 세우는 것만큼 그 계획을 꾸준히 실천하는 것이 중요합니다. 세 가지 구체적인 방법과 함께 실제 사례를 살펴보겠습니다.

첫째, '학습 일지 작성하기'입니다. 자녀에게 매일 그들이 배운 내용이나 경험한 것을 간단하게 기록하는 습관을 갖게 하는 것은 아주 좋은 방법입니다. 예를 들어, 자녀가 영어 소설을 읽었다면, 그날 읽은 페이지와 주요 내용, 그리고 특히 인상 깊었던 문장이나 새로 배운 단어들을 학습 일지에 기록해볼 수 있습니다. 이렇게 하면 자녀 스스로 그날의 학습 성과를 확인하면서 동기부여를 얻을 수 있습니다.

둘째, '피드백과 격려하기'입니다. 부모님의 관심과 피드백은 자녀에게 큰 힘이 됩니다. 주기적으로 학습 일지를 함께 보면서 자녀의 노력을 칭찬할 수 있습니다. "오늘도 열심히 읽었네! 이 문장은 정말 재미있게 쓰였어." 같은 긍정적인 피드백은 자녀에게 더 큰 자신감을 심어 줄 것입니다. 또한, 학습 중 어려워하는 부분이 있다면, 그 부분에 대해 얘기하며 함께 해결책을 찾아보는 것도 좋습니다.

셋째, '보상 제시하기'입니다. 보상은 학습의 목표 달성을 위한 작은 동기부여가 됩니다. 학습 목표를 달성했을 때 작은 보상을 주면, 아이들은 다음 목표를 향한 의욕을 더욱 키울 수 있습니다. 예를 들어 자녀가 세웠던 《해리 포터》 영문판 완독의 목표를 달성했다면, 그 다음 시리즈나 다른 흥미로운 영어 도서를 선물로 주는 것이 좋겠습니다. 이런 식으로 자녀의 노력을 보상함으로써 학습에 대한 즐거움과 의욕을 높여 줄 수 있습니다.

학습은 단순한 지식의 습득을 넘어서, 꾸준한 노력과 인내, 그리고 목표를 향한 의지를 키워 주는 중요한 경험입니다. 부모님의 지속적인 관심과 격려가 그 과정에서 큰 힘이 될 것입니다.

학습의 목표 달성을 평가하기

자녀의 학습 성과를 꾸준히 성장시키기 위해서는 '평가와 피드백'의 과정이 아주 중요합니다. 이 과정은 자녀가 스스로 학습의 흐름과 방향성을 잡을 수 있도록 돕는 데 큰 도움이 됩니다.

첫째, '학습 과정과 결과에 대해 주기적으로 평가하기'입니다. 우리 아이가 수학 문제를 풀 때, 그저 답만 확인하는 것이 아니라, 문제 푸는 과정을 함께 살펴보는 것도 중요합니다. 예를 들어, 아이가 연립방정식 문제를 풀었다면, 그의 풀이 과정을 함께 확인해보는 시간을 갖는 것이 좋습니다.

둘째, '과정 평가를 형성 평가로 활용하기'입니다. 과정 평가는 '지금까지 얼마나 잘 해왔는지'를 봐주는 것입니다. 자녀가 문제를 풀면서 중간 과정에서 어려움을 겪었다면, 그 부분을 지목하며 "이 부분을 다음에는 어떻게 풀면 좋을까?" 같은 질문으로 형성 평가의 기회로 삼을 수 있습니다.

셋째, '결과 평가를 통해 목표를 관리하기'입니다. 자녀가 월말까지 50개의 연립방정식 문제를 모두 풀었다면, 그것은 큰 성과입니다. 그 결과를 바탕으로 다음 달의 목표를 함께 설정하면 자신만의 학습의 목표와 방향성을 더욱 분명하게 할 수 있습니다.

넷째, '평가 결과에 따라 원인을 분석하기'입니다. 결과가 기대에 미치지 못했을 때, 그 원인을 깊이 분석하는 것은 매우 중요합니다. 아이가 일부 문제에서 흔히 하는 오류를 반복한다면, 그 원인을 파악하고 그 부분을 보완하는 방향으로 학습 전략을 조절할 필요가 있습니다.

다섯째, '평가 결과를 반영하여 다음 계획 수립에 피드백하기'입니다. 평가와 원인 분석을 통해 얻은 정보를 바탕으로 다음 학습 계획을 세울 때 반영하는 것입니다. 아이가 연립방정식 문제 중 특정 유형에서 자주 실수한다면, 그 유형에 초점을 맞춘 복습이나 추가 학습을 계획할 수 있습니다.

학습은 단순히 문제를 풀고 답을 맞히는 것만이 아닙니다. 학습의 과정과 결과를 평가하고 그 피드백을 통해 더욱 효과적인 학습 방법을 찾아내는 것이 중요합니다. 부모님들의 적절한 평가와 따뜻한 피드백은 자녀의 자기 주도 학습 역량을 크게 향상시킬 수 있는 도구가 될 것입니다.

학습 동기 수준을 유지하고
자기효능감 높여 주기

자녀가 스스로 주도적으로 학습을 이어 나가기 위해서는 '학습 동기'와 '자기효능감'이 중요한 역할을 합니다. 학습을 향한 자녀의 동기와 자기효능감, 이 두 가지 요소는 학업 성취에 있어 결코 간과할 수 없는 핵심적인 요소입니다. 학습 동기는 간단히 말해 '왜 학습을 해야 하는지'에 대한 내적인 동력이나 원동력입니다. 예를 들어 민준이가 수학 문제를 풀 때, 그 이유가 '시험에서 좋은 점수를 받기 위해서'라면 그것은 학습 동기의 하나입니다. 또 다른 예로 수영이가 피아노를 연습한다고 했을 때 그 이유가 '무대에서 멋진 연주를 하고 싶어서'라면 그 역시 학습 동기입니다. 학습 동기가 높은 아이는 학습에 대한 열정과 투지를 보입니다. 그 이유는 그들이 학습의 '의미'와 '목적'을 확실하게 알고 있기 때문입니다.

자기효능감은 자신이 어떤 일을 할 능력이 있다고 믿는 강한 확신입니다. 다시 말해, 자신의 능력에 대한 믿음이죠. 예를 들어 지영이가 자신에게 주어진 과제를 해낼 수 있다고 확신한다면, 그것은 자기효능감의 표현입니다. 자기효능감이 높은 아이는 어려움을 만났을 때도 쉽게 포기하지 않습니다. 왜냐하면 그들은 '나는 할 수 있다'는 믿음을 갖고 있기 때문입니다. 예를 들어 자기효능감이 높은 준영이는 수학 문제에 어려움을 겪어도 '조금 더 노력하면 해결할 수 있을 것이다'라는 생각으로 계속 도전하게 될 것입니다.

이 두 가지 요소가 자녀의 학습에 있어 기름과 불꽃처럼 작용한다고 볼 수 있습니다. 그렇다면 어떻게 이 학습의 불꽃을 계속 타오르게 할 수 있을까요?

첫째, 자녀의 관심과 호기심을 발견하고 지지하기입니다. 우선, 자녀가 무엇에 관심을 갖는지, 어떤 주제나 활동에 호기심을 보이는지 살펴봐야 합니다. 예를 들어 현아가 생물학에 특히 관심을 보인다면, 주말에 동물원이나 생태공원을 방문하는 것으로 그 호기심을 더욱 부추겨 줄 수 있습니다. 이런 활동을 통해 현아의 학습 동기를 유지하며, 생물학에 대한 지식과 호기심을 더욱 풍부하게 만들 수 있습니다.

둘째, 작은 성취에도 칭찬해 주기입니다. 자녀가 작은 목표나 과제를 달성했을 때 그것을 크게 칭찬하고 격려해야 합니다. 성호가 수학 문제집을 모두 완료했다면, 그 노력을 칭찬하며 "너는 정말 수학에 재능이 있어!"라고 말해 주는 것만으로도 그의 자기효능감을 크게 높일 수 있습니다.

셋째, 실패 경험에서도 긍정적인 피드백 주기입니다. 모든 학습 과정에서 실패는 필연적입니다. 중요한 것은 그 실패를 부정적으로 바라보지 않고, 그것에서 무엇을 배울 수 있을지를 함께 고민하는 것입니다. 예를 들어 수영이가 시험에서 낮은 점수를 받았다면, '다음에는 더 잘할 수 있을 거야. 어떤 부분을 더 연습해야 할지 같이 생각해 보자'라는 긍정적인 피드백을 통해 그녀의 자기효능감을 다시 회복시켜 주는 것이 중요합니다. 성장 마인드셋을 길러 주는 것과도 연결됩니다.

넷째, 자녀와 함께 목표 설정하고 그 과정을 함께 나누기입니다. 함께 세운 목표는 자녀에게 더 큰 의미를 갖게 됩니다. 지유와 함께 이번 학기의 목표를 '영어 독해 능력 향상'이라고 정했다면, 그를 위한 작은 계획들을 함께 세우고 그 과정에서의 성취나 어려움을 나누면서 지유의 학습 동기를 지속적으로 유지할 수 있습니다.

학습은 단순한 점수나 성적으로만 표현되는 것이 아닙니다. 자녀의 내면에 불을 지피는 '학습 동기'와 그 불꽃을 더욱 밝히는 '자기효능감'을 함께 키워 나가는 것이 중요합니다. 부모님의 따뜻한 지지와 지속적인 격려로, 자녀는 스스로의 학습 주체가 되어 성공적인 학습자가 될 수 있습니다.

교육, 각자의 속도가 가장 중요하다

"대학이 인생을 결정한다." 이 말의 무게는 점차 줄어들고 있습니다. 대학의 졸업장이 사회에 주던 신호의 강도가 약화되고 있기 때문입니다. 이제는 대학 졸업장보다는 개인의 역량이 더욱 강조되고 있습니다. 다양한 역량을 확인하기 어렵던 시절에는 대학의 졸업장에 의존하여 개인의 역량을 평가해 왔습니다. 이제는 본인이 개인의 역량을 표현해야 하는 상황이라고 할 수 있습니다.

정답이 정해져 있는 객관식 시험을 잘 보는 사람이 우수한 사람으로 평가되던 것도 이제 서서히 변화하고 있습니다. 예전에는 자료를 보지 않고 기억력에 의존하고, 빠르고 정확하게 계산하는 능력이 산업화 사회에서 가장 중요한 평가 기준이었습니다. 인터넷이 나오고, 인공지능이 개발되고, 이제는 생성형 인공지능이 등장하면서 일상 생활에서 도구를 활용하여 성과를 만들어 내는 것이 중요해졌습니다. 도구를 잘 활용하기 위해서는 본인의 기본적인 역량이 우수해야 한다는 점에는 변화가 없습니다. 따라서 한 분야의 전문적 역량을 갖추는 것이 세밀한 정보를 기억하는 것이 아니라, 전체의 구조와 개념을 이해하는 것이라는 점은 확실해졌습니다. 개념적 지식의 이해를 중심으로 미래 사회의 역량을 갖추는 것이 중요하다고 할 수 있습니다.

자녀 교육에는 긴 호흡이 필요합니다. 대나무와 우리 아이들의 성장에 관한 이야기를 하고자 합니다. 대나무의 성장은 우리 아이들의 성장과 얼마나 유사한지, 그 비유를 통해 아이들의 성장을 이해하고, 아이들의 소질과 적성을 어떻게 지지하고 기다릴 수 있는지를 생각해볼 수 있습니다. 대나무는 무엇이 특별할까요? 대나무는 씨앗의 상태로 땅 속에서 5년 이상을 보낸다고 합니다. 이 기간 동안 대나무는 표면 위로는 어떠한 변화도 보이지 않습니다. 그러나 땅 속에서는 뿌리를 깊게 내리며 자리를 잡고, 미래의 성장을 위한 준비를 합니다.

이는 우리 아이들의 청소년기와 비슷합니다. 아이들은 겉으로 보기에는 크게 변하는 모습이 없을 수 있습니다. 그러나 그 속에서는 저마다의 소질과 적성, 미래의 가능성을 준비하고 있습니다. 특히 대나무의 죽순의 상태는 아이들의 청소년기와 더욱 닮아 있습니다. 죽순 속에는 성장했을 때의 모든 마디,

즉 그 청사진이 이미 숨겨져 있다고 합니다. 마찬가지로, 아이들은 이미 그 안에 자신만의 미래의 모습, 그 청사진을 가지고 있는 것입니다.

대나무가 땅 위로 솟아오를 때, 그 성장은 놀랍습니다. 하루에 30센티미터 이상 자라기도 하며, 서너 달 만에는 수십 미터의 높이에 이르기도 합니다. 이러한 극적인 성장은 대나무가 땅 속에서 준비한 시간 덕분입니다. 아이들도 마찬가지입니다. 그들의 소질과 적성이 발현되기 시작하면 그 성장은 놀랍게도 우리 눈앞에서 펼쳐집니다. 그리고 그 순간을 기다리는 것이 바로 우리 학부모의 역할입니다.

대나무의 성장처럼 우리 아이들도 그들만의 속도와 시간을 가지고 성장합니다. 우리 부모의 역할은 그 성장을 지켜보며, 아이들의 소질과 적성이 자연스럽게 발현될 수 있도록 참고 기다리는 것입니다. 아이들의 성장을 지지하고 기다리는 것, 그것이 바로 부모의 가장 중요한 역할입니다.

학부모로서 자녀를 대할 때 가장 깊이 느끼는 감정 중 하나는 바로 '조급함'일 것입니다. 아이들에게 더 빨리, 더 많이, 더 잘하기를 바라는 마음은 우리 모두에게 공통적입니다. 그러나 이러한 조급함이 때로는 아이들에게 부담감을 주며, 그들의 자연스러운 성장을 방해하기도 합니다.

맹자(孟子)에 나오는 '발묘조장(拔苗助長)'이라는 이야기를 해 보겠습니다. 발묘조장은 싹을 억지로 뽑아 자라도록 도와

주는 행위를 말합니다. 원래는 군주의 조급한 통치 방식을 비유한 것입니다. 중국 송나라에 어리석은 농부가 살고 있었습니다. 그는 논에서 벼가 잘 자라나는지 확인하기 위해 논에 매일 갔습니다. 그러나 그의 눈에는 다른 사람들의 벼보다 자신의 벼가 덜 자란 것처럼 보였습니다. 이에 그는 벼의 순을 잡아 빼보기로 결정하였습니다. 벼의 순을 뽑고 나서는 약간 더 자란 것 같아 만족하며 집으로 돌아갔습니다. 그러나 다음 날 논에 가 보니 벼가 모두 말라죽어 있었습니다. 이 농부의 행동은 그토록 어처구니없어, 송나라의 사람들은 그를 '송인발치(宋人拔稚)'라고 불렀습니다. 이 이야기는 자연의 성장 과정을 강제로 바꾸려다가 오히려 그 과정을 망치는 모습을 보여 줍니다.

자녀의 성장도 마찬가지입니다. 때로는 그들의 성장 속도나 방향에 대해 걱정하거나 불안해 할 수 있습니다. 그럴 때마다 우리는 '송인발치'의 이야기를 떠올려 보면 좋겠습니다. 아이들은 그들만의 페이스와 시간에 따라 성장합니다. 강제로 그 과정을 가속하려는 시도는 오히려 그들의 성장을 방해할 수 있습니다.

미래에 대한 걱정과 기대는 아이를 키우는 부모라면 누구나 느끼는 감정입니다. 그러나 중요한 것은, 아이들이 그들만의 속도와 방식으로 성장하고 있다는 것을 이해하고 그들을 믿는 것입니다. 앞서 말씀드린 대나무의 예처럼, 아이들은 미래를 준비하고 있습니다. 송나라의 어리석은 농부처럼 옆집의 논에 있는 벼를 보면서 순을 잡아 뽑는 우를 범해서는 안될 것입니다. 자녀의 올바른 성장을 위해서는 부모의 지속적인 사랑과 지지, 그리고 조급함을 넘어서 믿음과 기다림의 마음이 필요합니다.

아이들의 성장을 지켜보며 그들의 미래를 위해 필요한 도움을 주는 것이 바로 우리 부모의 역할입니다. 조급함을 버리고 아이들을 믿고 기다리는 마음으로 아이들의 행복한 성장의 옆에서 함께 걸어가기를 바랍니다.

2028 대학 입시, 학교 교육에 집중하라!

초판 1쇄 발행 2023년 11월 15일
초판 2쇄 발행 2024년 12월 4일

지은이 정제영
펴낸이 박영미
펴낸곳 포르체

출판신고 2020년 7월 20일 제2020-000103호
전화 02-6083-0128 | 팩스 02-6008-0126
이메일 porchetogo@gmail.com
포스트 https://m.post.naver.com/porche_book
인스타그램 www.instagram.com/porche_book

여러분의 소중한 원고를 보내주세요.
porchetogo@gmail.com